Vue de la Ville d'Otrante

LE GUIDE VERDI

9

Collana diretta da M. Cazzato e A. Costantini

M. CAZZATO - A. COSTANTINI - V. DE VITIS - L. MANNI

GUIDA di OTRANTO

LA CITTÀ IL TERRITORIO LA COSTA

GALATINA
CONGEDO EDITORE

Si ringrazia per la cortese collaborazione:

– i fratelli Sammarruco di Otranto
– l'Azienda Autonoma di Soggiorno e Turismo di Otranto (v. Rondachi 8, 0836/801436)
– la rivista BELL'ITALIA, Milano

REFERENZE GRAFICHE E FOTOGRAFICHE

Il disegno a pag. 79 è stato gentilmente fornito dalla Bibliotheca Minima di Novoli.
Le foto a pag. 38 sono di Paolo Monti, gentilmente concesse dal Museo Provinciale di Lecce.
Dove non altrimenti specificato, le foto appartengono agli autori o all'Archivio della Casa Editrice.

ISBN 8877865385

CONGEDO EDITORE

Otranto, un po' di storia

Ribadire che Otranto è la città più orientale d'Italia può risultare – per quanto geograficamente ineccepibile – un luogo comune. Ma è indubbio che questa speciale realtà topografica ha condizionato da sempre, nel bene e nel male, la storia e il ruolo di questo centro. Le recenti prospezioni archeologiche hanno infatti rilevato la "presenza di ceramica ad impasto associata a vasi micenei" in un periodo compreso tra l'età del Bronzo recente e quella del Bronzo finale (fine sec. XIII-XI sec. a.C.),

quando le "alture calcaree di Otranto erano occupate da gruppi di capanne costruite con strutture di pali impiantati nella roccia e rivestimento di rami e frasche": Otranto conserva dunque alcune tra le più precoci testimonianze di rapporti con le popolazioni dell'area egea. Tracce di insediamenti di questi secoli sono state rinvenute in *via Faccolli* (una traversa della via per Giurdignano) e in prossimità della chiesetta bizantina di S. Pietro , in pieno centro storico: due zone distanti tra loro che indicano un'occupazione del suolo diffusa e ben più ampia dell'area delimitata dalla città medievale. Ulteriori tracce sono state individuate in *via delle Torri* dove lo scavo ha permesso di stabilire un uso dell'area a partire dal V sec.

1. Ubicazione dei recenti cantieri di scavo archeologico.

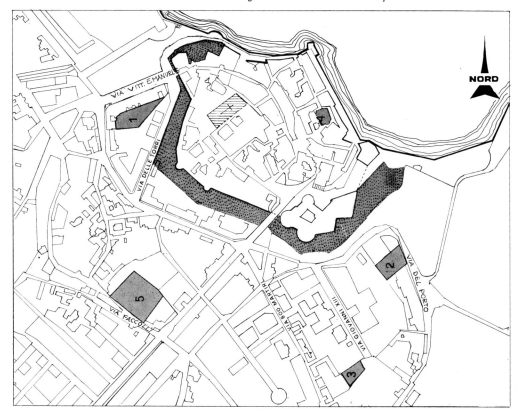

2-3. Cratere del pittore di Pan (cantiere 2).

a.C. fino a tutto il periodo medievale. Nell'insenatura del porto uno dei due siti esplorati ha restituito tracce di un insediamento "a capanne riferibili alla metà del VII sec. a.C."; in tutti i casi il materiale archeologico rinvenuto testimonia intensi e sempre precoci contatti col mondo egeo. Il ritrovamento più interessante, dal punto di vista artistico, è un *cratere* a figure rosse "opera di un artigiano ateniese: il pittore di Pan, attivo tra 480 e 460 a.C.".
Sono stati allo stesso modo assodati i rapporti di questa fase embrionale di Otranto con l'entroterra salentino; la città, se così impropriamente, vogliamo chiamarla, costituiva l'approdo adriatico di due importanti centri messapici: Muro e Vaste. Ma è il contatto col mondo ellenico a imprimere al "mondo indigeno del Salento una più rapida evoluzione"; scambi e commerci permisero, qui, "il formarsi di un'aristocrazia sempre più «ellenizzata», prova ne sia l'importante *ipogeo delle Cariatidi* di Vaste (seconda metà del IV sec. a.C.). L'origine dello stesso nome della città è antichissimo; l'Alessio, negando che questo derivi dall'*Idro*, il

nome del fiumicello che attraversa la valle omonima e sbocca nella spiaggetta a ponente dell'abitato, afferma, invece, come il nome di Otranto continui "con tradizione ininterrotta un mediterraneo *Òdronto* che indicò in origine un'altura a ridosso del porto", quella, per intersdersi, dove sorge la chiesetta di S. Pietro e dove sono state rintracciate le reliquie più antiche dell'abitato: l'altura che individua l'acropoli della *polis* ellenizzata e nella quale, specialmente nello spessore di costruito tra la *via bastione dei Pelasgi* e *corso Garibaldi*, è ancora rintracciabile un'occupazione regolarissima del suolo quasi contrapposta all'andamento irregolare della parte più bassa, quella che attualmente ha nella Cattedrale il fulcro centrale.
Ma è dell'*Hydruntum* romana che abbiamo notizie meno frammentarie; diventata *municipium*, contesa a Brindisi, alla quale fu collegata col prolungamento della via Traiana, il ruolo di porto principale verso la Grecia. È probabile che in questo periodo l'abitato si sia consolidato occupando in modo organico l'attuale area del centro storico con appendici funzio-

nali di carattere commerciale e funerario; infatti la necropoli della città romana era ubicata nei pressi di *via delle Torri*, dalla quale sono emerse iscrizioni e corredi funebri di età augustea a flavia. Non si sono ancora rinvenuti elementi certi per stabilire il carattere e l'estensione della cinta fortificata.

Tra le memorie più importanti del periodo romano sono due basi marmoree con epigrafi latine che ricordano due imperatori, M. Aurelio Antonino e L. Aurelio Vero (II sec. d.C.), forse basi di colonne onorarie – come è possibile vedere in alcune stampe antiche – ora utilizzate come piedritti dell'arco del *palazzetto Arcel-*

4. *Schematizzazione dei due diversi impianti urbanistici della città: quello più antico, regolare; quello "avvolgente" di fondazione medievale; **a**, **b** e **c** sono le diverse posizioni assenti nel tempo della "porta e terra".*

5-6. Corso Garibaldi, epigrafi romane di casa Arcella (II sec. d.C.).

la in corso Garibaldi al civ. 41. Col tempo lo scalo otrantino prese il sopravvento su quello di Brindisi per le rotte orientali. Questa realtà si consolida in età paleocristiana: famosa è la testimonianza di S. Paolino di Bordeaux vescovo di Nola che in un carme evocherà il viaggio verso l'oriente di un pellegrino eccellente (Niceta di Remesiana), imbarcato proprio ad Otranto dove "una grande comunità monastica, con schiere di vergini, frati e suore, inneggerà al passaggio del santo evangelizzatore dei Balcani". Siffatta testimonianza letteraria, come scrive G. Uggeri, va confrontata con le coeve testimonianze archeologiche, ca-

tacombe da una parte, cellette anacoretiche dall'altra: solo così si ha la prova concreta di un consolidamento del Cristianesimo ad Otranto, "coagulo degli intensi contatti tra Roma e Costantinopoli". Al suo primo diffondersi il Cristianesimo fu certamente favorito dalla rilevante presenza ebraica attestata già dal III secolo; presenza che sarà sempre cospiqua fino a tutto il medioevo. Le catacombe si concentravano nella *collina di S. Giovanni* attorno ad un complesso principale ora in gran parte distrutto dall'apertura di una strada che conduce ai laghi Alimini. Le comunità monastiche di cui parla S. Paolino erano attestate nelle numerose cellette che ancora si aprono sulle pareti rocciose della *valle delle Memorie* e della *valle dell'Idro*: "si tratta di piccole grotte scavate nelle pareti naturali delle vallette...spesso rettangolari e completamente aperte davanti"; altre, più tarde, sono più ampie ed elaborate; spesso sono isolate ma non mancano esempi di associazioni attorno ad una chiesetta rupestre bizantina, come *S. Nicola* e *S. Angelo*. È un proprio e vero dilagare di eremitismo che sullo scorcio del sec. IV costituisce la riprova della decadenza economica della regione e dell'abbandono dei centri abitati, Otranto compreso, che caratterizzò la storia della città tardo antica.

Ma dei "secoli bui", ancora una volta, non abbiamo informazioni soddisfacenti. Rilevante è tuttavia la notizia che nel 595 il papa incaricava Pietro, vescovo di Otranto, della *visitatio* e della *cura* delle chiese di Brindisi, Lecce e Gallipoli, prive a quella data dei loro titolari.

Alla fine del VI sec. Otranto era già politicamente nell'orbita di Bisanzio, mentre il Salento cessava di essere il teatro della guerra goto-bizantina. Il ribaltamento delle gerarchie viarie a livello territoriale è il sintomo più immediato del peso sempre maggiore attribuito ad Otranto: la viabilità principale seguiva, ormai, l'asse Otranto-Lecce-Oria-Taranto escludendo completamente Brindisi destinata ad un rapido decadimento. Questo nuovo asse, che riprende un antichissimo percorso messapico, ha "lo stesso andamento del cosiddetto *Limitone dei Greci*, ossia di quella strada di arroccamento che rappresentò anche una linea difensiva della Terra d'Otranto, molto arretrata di fronte alle fortunate incursioni dei Longobardi, ma di grande importanza strategica per salvaguardare il collegamento tra il caposaldo di Otranto e il restante tema di Calabria" (G. Uggeri). Questa funzione di caposaldo durante la nuova dominazione bizantina evitò ad Otranto l'abban-

7. Le basi con le colonne che vediamo all'inizio della rampa che conduce in città, in questa incisione settecentesca, sono probabilmente quelle delle figure precedenti (5-6).

dono che si verificò per altri centri e zone del Mezzogiorno. La tradizione, per altro in una certa misura credibile, vuole che nei secoli di questa dominazione la città sia stata dotata di una eccezionale cinta fortificata ritmata, com'era nel costume costruttivo dell'epoca, da ben cento torri quadrangolari, pressappoco secondo lo schema planimetrico della "città dalle cento porte" proposto dal Maggiulli – lo storico più informato di Otranto – alla fine del secolo passato.

Ma il massimo prestigio sarà raggiunto dalla città nel periodo della seconda dominazione bizantina (dal IX sec.) quando la sua fedeltà agli imperatori e ai patriarchi di Costantinopoli era fuori discussione; "già arcivescovato autocefalo sin dal tempo di Leone VI (886-911), diviene per volontà dell'imperatore Niceforo Foca una metropoli con cinque suffraganee" (Acerenza, Tursi, Gravina, Matera e Tricarico). È il periodo del trionfo del rito greco espresso in tutta la sua "declinazione orientale" dall'eccezionale chiesa a pianta centrale di S. Pietro, elevata proprio nel X sec., nella parte più alta della città a dominare il sottostante abitato, con l'altare rivolto ad Oriente, fronteggiante quel mare che nei giorni di tramontana lascia intravedere il profilo montuoso dell'op-

8. Il limitone dei Greci e la viabilità medievale nel Salento (da U. Uggeri).

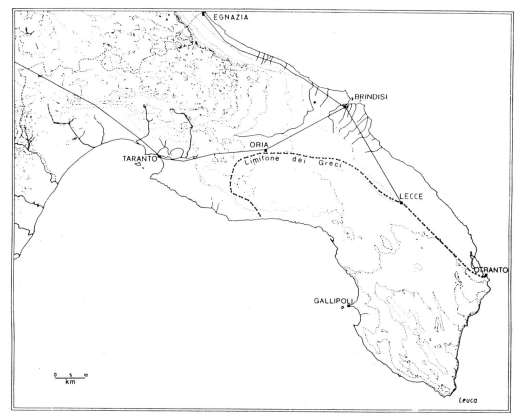

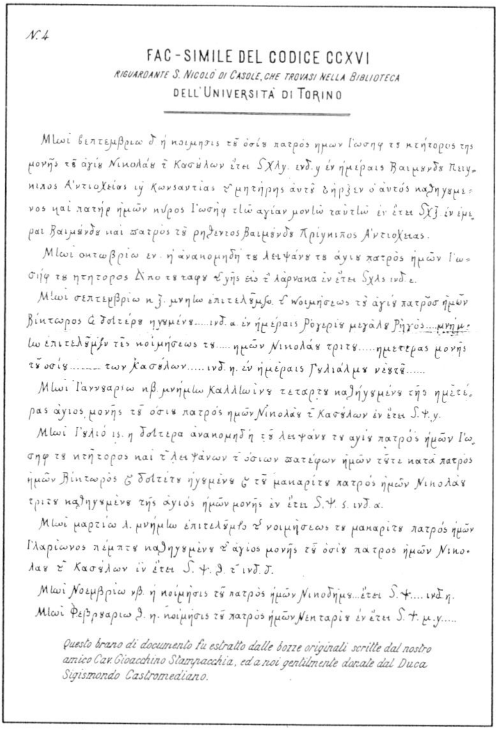
N. 4

FAC-SIMILE DEL CODICE CCXVI

RIGUARDANTE S. NICOLÒ DI CASOLE, CHE TROVASI NELLA BIBLIOTECA DELL'UNIVERSITÀ DI TORINO

Questo brano di documento fu estratto dalle bozze originali scritte dal nostro amico Cav. Gioacchino Stampacchia, ed a noi gentilmente donate dal Duca Sigismondo Castromediano.

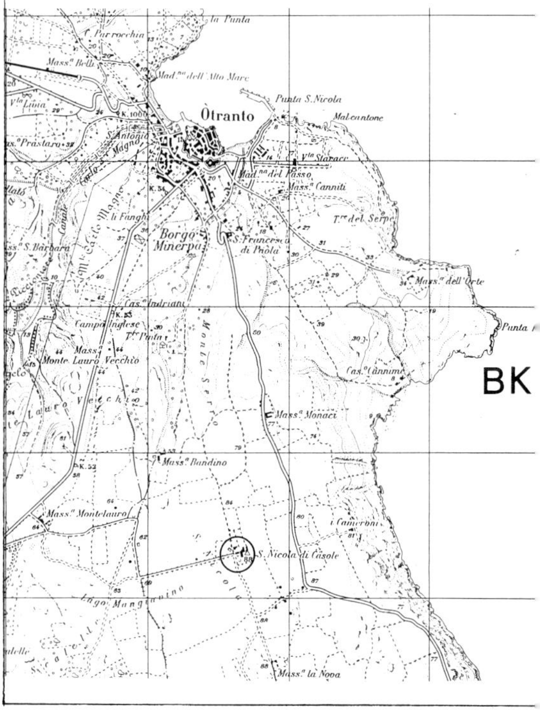

9. Pagina di un codice greco di S. Nicola di Casole.
10. Territorio tra Otranto e S. Nicola di Casole.

posta sponda adriatica.
Alla fine dell'XI sec. sorse, lontano dall'abitato, l'abazia di *S. Nicola di Casole*, il "centro del monachesimo greco o, meglio italo-greco in Puglia", una delle realtà culturali più importanti del medioevo cristiano, divenuto tra il 1347 e il 1438 il più ricco monastero dell'Italia meridionale. La sua ricchissima biblioteca dalla quale uscirono numerosi codici che attestano i profondi legami con l'Oriente, contribuì alla riscoperta e alla conservazione di molti testi dell'antichità classica; nelle sue mura nacque una letteratura italo-bizantina, magistralmente studiata da M. Gigante, della quale furono esponenti illustri Nettario-Nicola di Casole abate del monastero dal 1219 al 1235, il notaio imperiale Giovanni Grasso e il figlio Nicola.

Nel frattempo la situazione politica era mutata; già alla metà dell'XI sec. i normanni e i loro alleati avevano conquistato buona parte della Puglia e nel 1042 solo Taranto, Brindisi e Otranto rimanevano fedeli ai bizantini. L'ultima città a cadere nelle mani dei nuovi dominatori fu, nel 1064, proprio Otranto. I bizantini, consci dell'importanza strategica del loro antico possedimento cercarono più volte di riprendersi Otranto, ma con la caduta definitiva di Brindisi (1071) ebbe termine definitivamente il dominio bizantino sull'Italia meridionale. I normanni non umiliarono certamente la dignità culturale e strategica raggiunta da Otranto; né, durante il loro dominio e in quello della successiva stirpe sveva, il rito e con questo la cultura italo-greca ebbero soluzioni di continuità. Ancora una volta la posizione geografi-

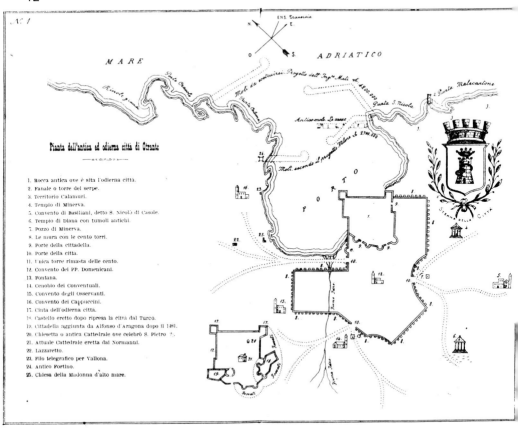

Pianta dell'antica ed odierna città di Otranto

1. Rocca antica ove è sita l'odierna città.
2. Fanale o torre del serpe.
3. Territorio Calamuri.
4. Tempio di Minerva.
5. Convento di Basiliani, detto S. Nicolò di Casole.
6. Tempio di Diana con tumoli antichi.
7. Pozzo di Minerva.
8. Le mura con le cento torri.
9. Porte della cittadella.
10. Porte della città.
11. Unica torre rimasta delle cento.
12. Convento dei PP. Domenicani.
13. Fontana.
14. Cenobio dei Conventuali.
15. Convento degli Osservanti.
16. Convento dei Cappuccini.
17. Cinta dell'odierna città.
18. Castello eretto dopo ripresa la città dal Turco.
19. Cittadella aggiunta da Alfonso d'Aragona dopo il 1481.
20. Chiesetta o antica Cattedrale ove celebrò S. Pietro ?.
21. Attuale Cattedrale eretta dai Normanni.
22. Lazzaretto.
23. Filo telegrafico per Vallona.
24. Antico Fortino.
25. Chiesa della Madonna d'alto mare.

11. Ricostruzione planimetrica della città antica (dal Maggiulli).

ca determina i destini della città: furono infatti ridefinite le strutture difensive (mura e castello) che probabilmente racchiudevano anche l'area in corrispondenza di *via delle Torri*; nel 1088 si consacra la grandiosa cattedrale che dopo appena un secolo sarà provvista del mosaico pavimentale di Pantaleone, sintesi geniale della tradizione culturale occidentale e orientale e, pertanto, il "prodotto artistico" più significativo espresso dalla millenaria storia della città.
Negli anni della dominazione normanna il porto di Otranto ospitò più volte i cavalieri cristiani delle Crociate. Per la quinta Crociata nel 1227 in città arrivò lo sfarzoso corteo di Federico II, segnando un periodo estremamente movimentato nella storia di Otranto che si colloca direttamente all'interno della lotta tra il papato e lo svevo: nel 1256 il papa invia agli otrantini una lettera nella quale, tra l'altro, autorizza la costruzione e la riparazione di mura e torri nonchè l'armamento del porto. Dal testo dell'importante documento si evince come la città avesse il diretto dominio su un vasto territorio (i laghi Alimini erano già stati concessi alla Mensa vescovile) composto di *casali* e

feudi che, come la città, erano soggetti unicamente alla Chiesa romana. Come nel successivo periodo angioino, i continui restauri ai quali era soggetto il *castello regio*, l'importanza attribuita al porto dove operava un discreto arsenale, testimoniano il prestigio sempre alto attribuito ad Otranto. Non era un caso che qui stanziava una numerosa comunità ebrea (a metà del XII sec. si parla addirittura di cinquecento unità) che partecipava attivamente all'intensa attività mercantile della città.

Nel 1447, siamo in piena età aragonese, Otranto contava 253 *fuochi*, oltre 1200 anime, segnalandosi come una tra le città più popolose di tutta Terra d'Otranto, ove si pensi che, nello stesso anno, Gallipoli aveva 160 *fuochi* e Ugento 119 e che soltanto Galatina, Nardò e Lecce avevano contingenti demografici superiori. L'occupazione turca del 1480 trovò una città in piena evoluzione demografica e quindi economica, un centro culturale ancora floridissimo grazie anche all'ininterrotto apporto del monastero di Casole.

* * *

Quel tragico evento seguiva l'enorme impressione che la caduta di Costantinopoli (1453) aveva suscitato in tutto l'Occidente conscio e atterrito dai progetti espansionistici di Maometto II (1451-81). Il momento era il migliore: gli Stati italiani erano incapaci di costituire una forza militarmente e politicamente significativa da contrapporre alle minacce dell'Islam; nel 1479 dopo una lunga guerra tra il turco e Venezia è firmata la pace determinando la

12. Via delle Torri (al centro, la torre campanaria normanna).

neutralità della Serenissima che comunque aveva motivi di ostilità nei confronti di Ferdinando re di Napoli (1458-94). Il turco sapeva inoltre che le armate aragonesi e quelle dello Stato pontificio erano impegnate dal 1478 in un'aspra guerra contro Firenze. In questo quadro generale si colloca il proposito turco di occupare un lembo strategicamente significativo del Salento come testa di ponte per insidiare le potenze cristiane: il 28 luglio 1480 apparve all'orizzonte otrantino un'enorme flotta composta di 150 imbarcazioni per una forza complessiva di circa 18.000 uomini (Otranto in quell'anno non contava più di 6.000 abitanti); lo sbarco avvenne nei pressi dei laghi Alimini e il giorno successivo, il 29, i turchi avevano già occupato il borgo e fatto razzie nei casali vicini. La città, forse mal guarnita e difesa, non poteva resistere a lungo all'impeto formidabile dell'artiglieria turca. Rifiutata la resa gli otrantini opposero comunque un'eroica resistenza ma lo squilibrio delle forze si palesò in tutta la sua gravità l'11 agosto quando dopo aver distrutto l'apparato difensivo della città i turchi vi entrarono dalla parte del castello.

Incredibili furono le crudeltà commesse dagli assalitori contro gli otrantini ormai inermi; con una proditoria irruzione nella Cattedrale lo stesso giorno fu barbaramente soppresso l'anziano arcivescovo Stefano Agricoli che incitava i superstiti alla fede e alla morte. Il giorno dopo, 12 agosto, circa 800 otrantini che avevano negato la conversione alla religione dell'Islam furono orrendamente massacrati sul *colle della Minerva*. I turchi erano ormai padroni di Otranto: da questa base scorrazzavano indisturbati per tutto il Salento seminando ter-

13. Tela col "martirio degli 800" (Lavinio Zoppo, fine sec. XVI, ora nella chiesa di S. Maria dei Martiri sul colle della Minerva).

Medaglione coniato in onore di Alfonso d'Aragona per la sua entrata in Napoli dopo la resa di Otranto nel 1481.

14. Disegno della medaglia commemorativa coniata in occasione della liberazione di Otranto.

rore e morte fino al Gargano. Nel frattempo la reazione aragonese stentava a formalizzarsi anche perchè Venezia persisteva nella sua neutralità interessata e gli altri Stati italiani tergiversavano, dando ai turchi tutto il tempo di fortificare Otranto secondo concetti difensivi avanzati. L'inverno del 1481 passava intanto nelle vane promesse di aiuti mentre i turchi ricevevano via mare rinforzi; alcune scaramucce nell'entroterra e sulle acque non sembravano decidere le sorti dell'occupazione: i turchi rimanevano saldamente padroni della città nonostante gli attacchi che si facevano sempre più frequenti provocando crudeli ritorsioni nei confronti degli inermi cittadini che nel frattempo non erano stati massacrati o fatti schiavi.

Con l'arrivo della buona stagione l'aragonese accellerò le operazioni di assedio grazie agli aiuti ottenuti dagli Stati italiani che finalmente si resero conto del pericolo per la loro sopravvivenza rappresentato dall'occupazione turca. Finalmente il primo maggio si mise il campo presso Otranto con imponenti apparati difensi-

vi studiati da Ciro Ciri "maestro ingegnere" del duca di Urbino, e dal francese Pietro d'Orfeo. I turchi si sentono per la prima volta assediati da terra e dal mare dove continua ad ingrossarsi la flotta "cristiana"; nello stesso periodo sono privati della loro esperta e sanguinaria guida, Achmet, richiamato in patria per la morte di Maometto II occorsa il 3 maggio, avvenimento che fu decisivo per le sorti dell'assedio.

Privi di rinforzi e continuamente tallonati i turchi subirono il 23 agosto un violentissimo attacco che provocò nelle due parti notevoli perdite umane costringendoli, dopo una disperata resistenza, alla resa finchè il 10 settembre 1481 restituirono la città ormai ridotta ad un cumulo di macerie e della quale non erano sopravvissuti che 300 cristiani.

Tredici mesi di operazioni belliche avevano sconvolto la città e il suo territorio; distrutto il commercio e il monastero di Casole, devastata la cattedrale e alterate le vie di comunicazione. Impellente si presentò dunque agli occhi

15. *Veduta aerea dell'abitato e del porto.*

dell'aragonese liberatore, il duca di Calabria, il problema della ricostruzione di Otranto che ora, dopo l'enorme risonanza suscitata dall'avvenimento, assumeva anche un valore simbolico. Si ricostruì la cattedrale e a partire dal 1485 il castello e la cinta muraria che in buona parte sono quelli che ancora ammiriamo. L'ingresso via terra della città fu rinforzato da due robuste torri circolari dette *Alfonsine* e sulle quali l'aragonese fece apporre un'iscrizione commemorativa andata perduta; per aumentare e gratificare la residua comunità otrantina furono concesse alcune "grazie" eccezionali e notevoli esenzioni fiscali. Nel punto più alto del colle della Minerva, luogo dell'eccidio degli "800 martiri", fu costruito un tempio dedicato a S. Maria dei Martiri "ex devotione illarum animarum", affidato nella prima metà del '500 ai minimi di S. Francesco di Paola. Si ricostruirono i conventi di S. Francesco, dei domenicani e degli osservanti e, alla fine del '500, sempre *extra moenia*, quello dei cappuccini.

Questo fervore ricostruttivo ebbe immediate

I. *Otranto dalla riviera Haethey (Foto Az. Sogg. Turismo, Otranto).*
II. *Otranto in un disegno acquarellato del Settecento (dal DES PREZ).*
III. *Il porto di Otranto nel 1790 (F. HACKERT).*
IV. *Veduta aerea di Otranto (conc. SMA n. 428)*

V. Veduta di Otranto dal porto (Foto Az. Sogg. Turismo, Otranto).

ripercussioni sull'andamento demografico e il 1539 la città contava già 638 *fuochi*, circa 3200 abitanti, confermandosi ancora una volta come una delle realtà demografiche più importanti del Salento. Nei primi del '500 dalle sue rinate e fiorenti "botteghe di iconopittura" Otranto inviò per tutta Italia e nei paesi balcanici le sue devote icone; esponenti celebri di questa corrente artistica furono Angelo e Donato Bizamano. La ristrutturazione urbanistica ed edilizia della città mostra ancora i segni di questa fiorente epoca: stipiti, portali, finestre (cfr. quella finissima di *palazzo Maroccia* o

16. Centro storico; sulla destra è palazzo Maroccia.

17. Incisione tratta da un dipinto di Donato Bizamano (1530 ca.). Sullo sfondo si riconosce Otranto e il suo territorio.

del distrutto *palazzo Carrozzini*), elementi scultorei, indicano una ripresa diffusa e costante, molto più consistente di quanto comunemente si crede.

Un'inversione di tendenza si verificherà soltanto a partire dalla seconda metà del '600 quando langue il commercio e sembrano depresse le manifestazioni culturali: è come se la città si raccogliesse su se stessa avendo perso qualsiasi slancio espansivo. D'ora in poi, per molti decenni, le testimonianze architettoniche di un certo rilievo potranno cogliersi soltanto nell'architettura religiosa e particolarmente nella Cattedrale che continuava e continua a conservare alla meditazione e alla fede dei posteri le reliquie del "martirio degli 800" di quella tragica estate del 1480.

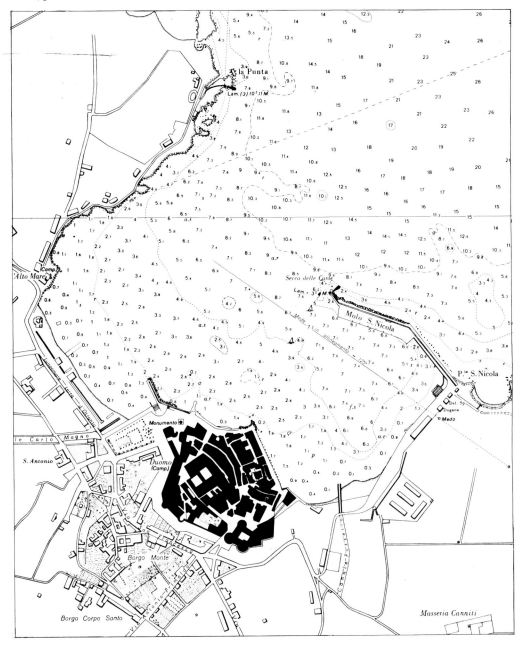

18. Otranto e il suo porto.

Un itinerario
alla scoperta della città

Ad Otranto si può arrivare in treno; naturalmente anche per mare; ma per ragioni pratiche arriviamoci in macchina da **Maglie** o da **Martano** per chi viene da **Lecce** o percorrendo l'incantevole litoranea. Il profilo della città antica si staglia quasi di fronte a noi, arroccata su un'altura delimitata in parte dal mare. Conviene parcheggiare e dirigerci verso i giardini pubblici (così facendo dovremmo attraversare o costeggiare l'*Idro*, sulle carte *Canale di Carlo Magno*) ora ridotto a rigagnolo ma un tempo una delle cause della scelta del sito da parte dei primi abitatori della zona. Nel quadrilatero allungato dei giardini svettano bellissimi esemplari di palme e di olezzanti ristoratori pittospori; sulla nostra sinistra si apre l'insenatura con la spiaggetta in parte delimitata a nord da ripide pareti calcaree su un punto del-

Itinerario della città (dis. M. Cazzato).

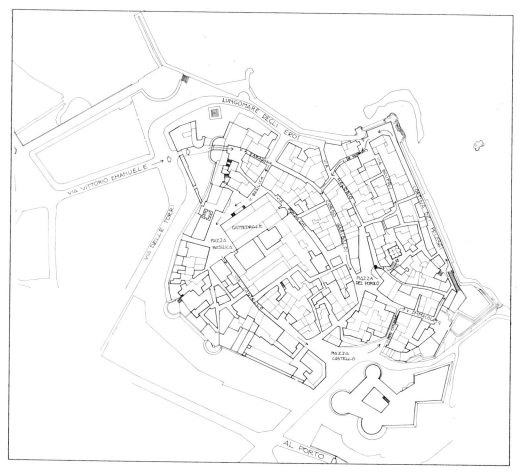

19. *Giardini pubblici.*
20. *Madonna dell'alto mare.*

le quali è abbarbicata la squadrata mole della *cappella dell'alto mare* ricostruita nel 1744 e cara ai naviganti. Noi dirigiamoci verso la città antica da *via V. Emanuele II*; di fronte avremo l'ingresso della "porta a terra"; un'occhiata sulla sinistra a *via delle Torri* ci darà l'idea dell'andamento delle alte mura costruite in età aragonese (fine sec. XV). Entrando da questa porta ci troviamo in uno spazio triangolare, una specie di piazza d'armi, realizzata nei primi decenni della seconda metà del '500 probabilmente sotto la direzione o il progetto del senese Tiburzio Spannocchi (1541-1606) che ci ha lasciato una preziosa planimetria di tutto il circuito fortificato, castello compreso. L'intervento dello Spannocchi che si limitò tuttavia a migliorare in senso "moderno" le fortificazioni aragonesi, seguiva o precedeva di poco imponenti progetti vicereali tesi a ristrutturare in modo radicale l'assetto difensivo della città. In alcuni di questi progetti è previsto un enorme "spuntone" che si addentra per ben 252 canne (circa 252 m) nell'entroterra, nonchè la costruzione di un altro castello completamente bastionato nei pressi della *Torre del serpe* in posizione elevata tale da controllare un lungo tratto di costa.
Di fronte abbiamo la *porta Alfonsina* che ci conduce direttamente nell'abitato; dal larghetto che segue subito dopo imbocchiamo *via A. d'Aragona* e al primo incrocio svoltiamo a de-

stra per *via Basilica* non senza aver ammirato, proprio qui, gli avanzi di una casa-torre con in alto bellissimi archetti pensili. La strada è in progressiva salita e subito alla nostra sinistra si staglia l'imponente mole del lato sinistro della *Cattedrale* sul quale si apre l'accesso alla cripta. Di fronte, dall'altro lato della strada, è l'alta *Torre campanaria* di impianto normanno. Fermiamoci ad osservare l'ingresso secondario alla Cattedrale al quale si perviene superando una scalinata; questo è definito da una cornice interna finemente scolpita e da due piedritti laterali sui quali sono scolpiti in bassorilievo le figure di otto dignitari ecclesiastici: a destra, dall'alto in basso, sono raffigurati i vescovi di Otranto, di Ugento, di Gallipoli, e l'abate di Casole; a sinistra, ancora la figura dell'arcivescovo idruntino (SERAPHIN. METROPOLITA), di

Castro, di Lecce e di Alessano. Sull'architrave della fascia interna è una lunga iscrizione latina che ricorda il committente dell'opera (l'arcivescovo Serafino che subentrò a Stefano Agricoli trucidato dai turchi il 1480), l'autore (Nicola Ferrando di Galatina), mentre l'epoca dell'esecuzione è da porre tra la fine del XV sec. e l'inizio del successivo.

Scendiamo dalla scaletta e arriviamo in *piazza Basilica*, largo anche questo di forma triangolare esattamente calibrato, in quanto a dimensioni, sull'altezza della facciata a doppio spiovente della Cattedrale, ricostruita dopo l'assedio turco. Il magnifico rosone è dell'età del portale laterale mentre il verboso portale è un tipico prodotto del barocco leccese voluto dall'arcivescovo G. Adarzo di Santander nel 1674 come si legge dalla sua epigrafe; l'auto-

21. Porta terra (ricostruita nell'800).

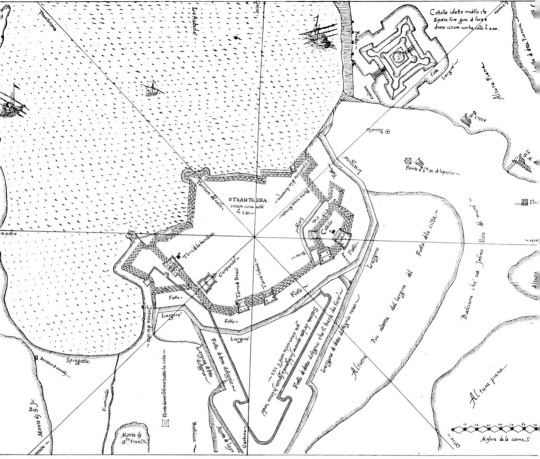

22. Planimetria cinquecentesca con un progetto di ristrutturazione generale delle fortificazioni.
23. Porta Alfonsina.
24. Via A. d'Aragona.
25. Via Basilica.
26. Disegno ottocentesco della porta laterale della Cattedrale.

re è certamente Ambrogio Martinelli che nello stesso torno d'anni lavorava altrove in città. Entriamo ora nell'edificio sacro che, come abbiamo già ricordato, fu consacrato nel 1088 (ma alcuni autori riferiscono questa data unicamente alla cripta): è un ampio edificio basilicale a tre navate suddivise da due file di colonne con capitelli in buona parte della metà del XII secolo ed altri di spoglio. Lo schema planimetrico è tipico delle grandi chiese benedettine: il transetto non è sporgente ed è suddiviso da arconi longitudinali, le navate terminano tutte con absidi proporzionate alla loro larghezza. La copertura è a capriate ora celate dal magnifico cassettonato dorato voluto il 1693 dall'arcivescovo F. Maria De Aste come si legge dall'iscrizione dell'arco trionfale che divide la navata centrale dal presbiterio.

3

24

5

26

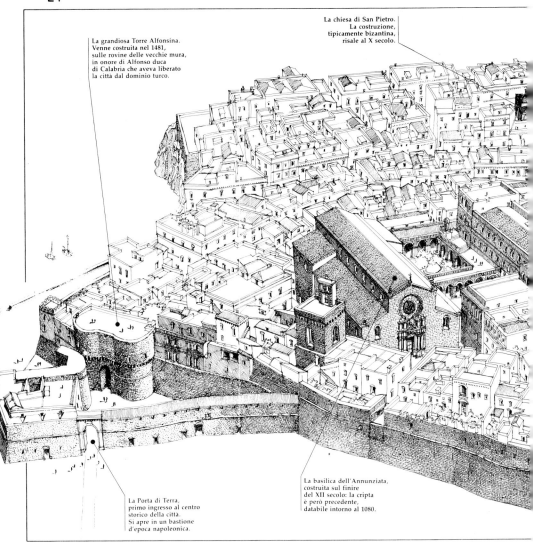

La grandiosa Torre Alfonsina.
Venne costruita nel 1481,
sulle rovine delle vecchie mura,
in onore di Alfonso duca
di Calabria che aveva liberato
la città dal dominio turco.

La chiesa di San Pietro.
La costruzione,
tipicamente bizantina,
risale al X secolo.

La basilica dell'Annunziata,
costruita sul finire
del XII secolo: la cripta
è però precedente,
databile intorno al 1080.

La Porta di Terra,
primo ingresso al centro
storico della città.
Si apre in un bastione
d'epoca napoleonica.

27. Disegno assonometrico dell'abitato (per gentile concessione di BELL'ITALIA).

Naturalmente l'elemento di maggio richiamo è il grandioso mosaico pavimentale che copre tutta la navata principale e buona parte di quelle laterali. Subito dopo l'ingresso la prima iscrizione a terra ci ricorda i restauri ottocen-teschi (PAVIMENTUM TESSELLATUM TEMPORIS TURCARUM INIURA PENE PERFRACTUM INSTAU-RATUM A.C. MDCCCLXXV). Subito dopo questa iscrizione un'altra ricorda che l'opera fu compiuta *per dexteram Pantaleonis* (EX IONATH.

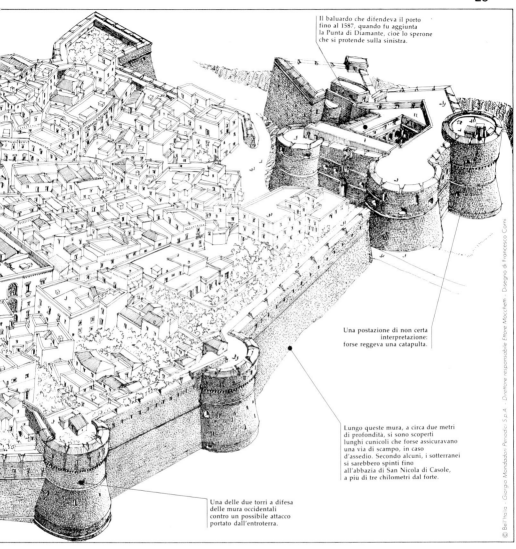

Il baluardo che difendeva il porto fino al 1587, quando fu aggiunta la Punta di Diamante, cioè lo sperone che si protende sulla sinistra.

Una postazione di non certa interpretazione: forse reggeva una catapulta.

Lungo queste mura, a circa due metri di profondità, si sono scoperti lunghi cunicoli che forse assicuravano una via di scampo, in caso d'assedio. Secondo alcuni, i sotterranei si sarebbero spinti fino all'abbazia di San Nicola di Casole, a più di tre chilometri dal forte.

Una delle due torri a difesa delle mura occidentali contro un possibile attacco portato dall'entroterra.

DONIS PER DEXTERAM PANTALEONIS/HOC OPUS INSIGNE EST SUPERANS IMPENDIA DIGNE). Ma lasciamo la parola a Chiara Frugoni tra gli interpreti più acuti del significato globale del mosaico:

IL MOSAICO DELLA CATTEDRALE

"Quattro iscrizioni che tagliano orizzontalmente il mosaico ci dicono il nome del committente, l'arcivescovo Gionata, quello dell'esecutore, il prete Pantaleone, e gli anni occorsi al compimento dell'ope-

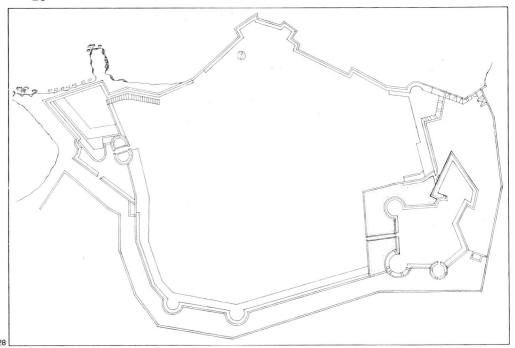

28

29

28. *Disegno cinquecentesco delle fortificazioni (T. Spannocchi).*
29. *Porta laterale della Cattedrale*
30. *Piazza Basilica; sulla sinistra la normanna torre campanaria.*

ra: 1163-1165, sotto il regno di Guglielmo il Malo. Poiché la data più recente (1165) è quella vicina all'ingresso della chiesa, mentre la seconda (1163) è posta circa all'altezza dell'altar maggiore, è evidente che la progressione nell'esecuzione del mosaico fu inversa a quella in cui lo si percorre ora partendo dall'ingresso della chiesa.

Il grande albero – quasi un immenso tappeto di preghiera – animato da una moltitudine di figure che dall'entrata della chiesa protende i suoi rami fin quasi all'abside, è sorretto da una coppia di elefanti, a cui si aggiunge – fra le gambe di quello di sinistra – un terzo più piccolo, poi, divisi dal lungo tronco, compaiono, a destra, la figura di «Alexander rex» fra due grifoni, a sinistra quella di un grande leone quadricorpore che incombe su un viluppo di mostri serpentiformi, e poi sempre a destra risalendo, vari mostri, fra cui centauri bicefali e tricefali, mostri

acquatici e pesci, a sinistra la torre di Babele; e poi ancora Noè, che, aiutato dai suoi, è intento a preparare l'arca prima e dopo il Diluvio.

Dopo la pausa della seconda iscrizione vi è la rappresentazione entro dodici tondi dei mesi e dello zodiaco; fra le ultime propaggini dell'albero si susseguono poi da sinistra a destra la cacciata dal Paradiso terrestre di Adamo ed Eva da parte dell'angelo, «Rex Arturus», cioè re Artù a cavallo di un capro, assalito da un felino e successivamente disarcionato e azzannato alla gola, l'offerta di Caino ed Abele, l'uccisione di Abele.

Poi, dopo un largo squarcio dovuto alla costruzione di un altare settecentesco ora rimosso, si susseguono entro sedici tondi il peccato di Adamo ed Eva, vari mostri e le figure di due re, «Rex Salomon» e «Regina Austri», cioè Salomone e la regina di Saba. Più su ancora, dopo una breve striscia con la rappresentazione di vari animali (vi è anche il funerale della volpe finta morta), nell'abside compare «Samson», Sansone a cavallo del leone, e varie storie del profeta Giona. Ecco dunque «Ionas propheta» con un gran cartiglio in cui è predetta la prossima distruzione della città di Ninive; ed infatti accanto è raffigurato il suo re: «Rex Ninive», mentre si straccia le vesti, disperato, e poi ancora Giona – qui l'ordine biblico è tenuto in nessun conto – che riposa sotto le frasche, ed infine buttato dai compagni in bocca al pesce.

Nella navata minore destra si scorgono solo mostri ed alcune figure umane, senza che si possa più precisare un qualche episodio; nella sinistra vi è la rappresentazione dell'Inferno con «Infernus» e «Satanas», e le torture dei dannati, e del Paradiso, con le anime elette poste in grembo ai tre patriarchi, «Abraham», «Isaac» e «Iacob».

In mezzo a questo guazzabuglio di figure elencate in rapida successione pare di intravvedere lo snodarsi di un discorso.

Ma prima ancora di tentarne la precisazione sarà necessario cercare di ridare a quelle figure sfocate nella generica identificazione di un animale, un mostro ecc., il loro vero volto, cercare di decifrare i gesti, ritrovare i nessi, quando ci sono, fra un'immagine ed un'altra, in una parola, capire i soggetti rappresentati, supplendo alla mancanza di scritte esegetiche con quelle che la memoria sa suggerire, per poi tentare un'interpretazione di insieme. Così, ad esempio, i due elefanti con l'elefantino sono la trasposizione iconografica di un passo di un Bestiario medievale, il *Physiologus* latino. Oltre alla testimonianza che quest'immagine di Otranto offre della diffusione del *Physiologus* – e delle sue illustrazioni – nel Medioevo, c'è da osservare che, nel mosai-

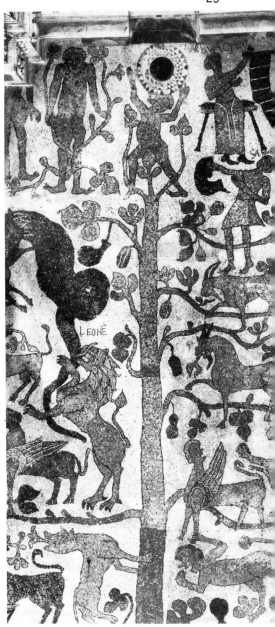

31. *Mosaico pavimentale della navata centrale; lo zodiaco.*

32. *Mosaico della navata destra.*

co, l'albero gigantesco sorretto dai due elefanti (Adamo ed Eva secondo il *Physiologus*) termina in alto con il serpente avviticchiato sulla cima, mentre ai lati compaiono le figure di Adamo ed Eva che stanno per mangiare il frutto proibito. Quindi non solo troviamo illustrata la storia narrata dal *Physiologus*, ma anche la sua morale. Ed inoltre: i mostri serpentiformi su cui incombe il leone quadricorpore rimandano ancora ad un passo del medesimo *Physiologus*, nella versione greca, laddove descrive la generazione della vipera che concepisce ingoiando il maschio e muore sventrata dai figli che nascono. A volte la figura, priva di scritte, affida il suo messaggio alla cultura del visitatore, attraverso il linguaggio dei propri attributi: è questo il caso del personaggio posto al disotto della Cacciata di Adamo ed Eva, vestito del solo perizoma, con un lungo bastone a forma di tau in mano, accanto ad una porta chiusa, che è da identificare in Dismas, il buon ladrone, che, ci dicono i Vangeli apocrifi, dopo la sua conversione *in extremis* sul Calvario, andò ad attendere con la sua croce la redenzione dei progenitori accanto alla porta chiusa del Paradiso. A volte neppure la didascalia posta accanto ad una figura può bastare a chiarire il significato: è questo il caso di «Alexander rex», dunque Alessandro Magno, seduto in trono fra due grifoni, con le braccia alzate e con in mano due bastoni su cui sono infilzate come due spugne.

Le scritte possono a volte chiarire il nesso tra un soggetto e l'altro, legando così due parti di un discorso che risulterebbero altrimenti monche e distinte.

È per esempio il caso della denominazione «Regina Austri» per la regina di Saba, che ci consente di individuare in un passo del Vangelo di S. Matteo (XII, 42), la fonte diretta del mosaicista otrantino – dato che nel Vecchio Testamento la regina ha sempre l'appellativo *Sabae*. In quel passo di Matteo, Cristo è detto più grande, oltre che di Salomone, anche del profeta Giona, ricordando la dimora nel ventre del pesce e la predicazione a Ninive. È possibile allora che l'abituale rappresentazione delle vicende di Giona, che occupa i tre quarti del mosaico absidale (eseguito, nell'ordine, prima di quello del presbiterio) abbia valso, per l'accostamento di Giona a Salomone nel predetto passo evangelico, l'introduzione, in due dei sedici tondi, delle figure del re Salomone e della regina di Saba.

Ripercorrendo ora con ordine il mosaico, partendo dall'ingresso della chiesa, è possibile seguire lo snodarsi di un discorso rassicurante, quasi di una predica figurale, che dal peccato giunge alla salvezza. Tale discorso non tiene conto di un rigoroso ordine biblico, e attinge, per il suo svolgersi, a reper-

33. Mosaico della navata sinistra.
34. Il tratto iniziale del mosaico della navata centrale.

4

35-36. Particolari del mosaico.

tori diversi, oltre a quello scritturale: compaiono gli Apocrifi, il *Physiologus*, il *Romanzo* di Alessandro, la leggenda di re Artù. Così, dopo una prima esemplificazione del peccato, che è qui quello di orgoglio, la torre di Babele a cui fa da contrapposto profano l'ascensione di Alessandro, il mosaico continua col grande esempio del Diluvio che percuote l'umanità colpevole (preparativi per l'arca, il diluvio, uomini ingoiati dai pesci) per proseguire in un discorso di speranza e di salvezza: la nuova vita che ricomincia, finito il diluvio, con il ramoscello d'ulivo portato dalla colomba.
Dopo la cesura della grande iscrizione, si susseque entro tondi la rappresentazione dei mesi, a significare che il lavoro dell'uomo, espiazione del peccato originale, è dedicato a Dio, che il tempo umano è di Dio. Il mosaico prosegue poi attingendo, per lo svolgimento del suo programma, al repertorio biblico e profano. Alla sequenza della cacciata dal Paradiso terrestre e del male che ne è derivato (uccisione di Abele a cui fa da contrapposto visivo la figura riversa di re Artù) si oppone Dismas, il buon ladrone, in fiduciosa attesa accanto alla porta chiusa del Paradiso. Poi, dopo una vasta lacuna, il mosaico riprende con la serie dei sedici tondi contenenti vari animali e con accanto re Salomone e la regina di Saba. Con il peccato di Adamo ed Eva posti sulla cima della chioma fronzuta termina il grande albe-

ro, peccato che concettualmente si lega all'episodio degli elefanti all'inizio del mosaico e che proprio per questo parallelismo rimanda ad una speranza di redenzione e di salvezza. Nella parte absidale del mosaico questa sezione del discorso ha il suo pieno svolgimento con la presenza di Sansone e Giona, tradizionali simboli di Cristo che debellò Satana negli inferi, appagando così la speranza che il buon ladrone esprime. Nella navata laterale di sinistra la rappresentazione dell'Inferno e del Paradiso ripete il discorso della navata centrale in una proiezione escatologica: la gioia della salvezza raggiunta, l'angoscia del peccato, non sono più misurate nella dimensione terrena della speranza o del castigo, ma fissate in quella senza tempo dell'eternità, con la rappresentazione riassuntiva del Giudizio – l'angelo che pesa le anime – e dell'Inferno e Paradiso: cioè della condizione di chi è per sempre salvo e di chi è per sempre dannato.
Il mondo bizantino è presente non solo con il tema – tipicamente orientale – del buon ladrone, ma anche con la particolare iconografia, appunto orientale, del Paradiso, rappresentato dai tre patriarchi – quella occidentale conosce un solo patriarca, Abramo –, con citazioni dal *Physiologus* greco (viluppo di mostri serpentiformi) e con la rappresentazione di Alessandro sui grifoni; il mondo francese-normanno è presente con la figura di re Artù; quello arabo è presente con i tondi contenenti gli animali secondo un repertorio che trova riscontro in quello

Cattedrale, facciata (Foto Az. Sogg. Turismo, Otranto).

Cattedrale, rosone cinquecentesco (Foto Az. Sogg. Turismo, Otranto).

37. Mosaico dell'abside.

usato a decorare, sempre entro tondi, gli olifanti, corni da caccia in avorio, musulmani, e qui a Otranto decorati nei bordi da elementi di scrittura araba. Il mondo latino è presente nella rappresentazione, tipicamente italiana, del marzo spinario. Bisogna sottolineare, in tutto il mosaico di Otranto, la vistosa presenza del mondo profano, che si attua non solo attraverso un ampio ricorso al repertorio non religioso, ma anche attraverso immagini che rivelano chiaramente l'origine politica della loro fonte ispiratrice.

Un esempio per tutti è proprio l'ascensione di Alessandro: mentre questa immagine nel mondo bizantino ha senza eccezioni un significato positivo, perché nella prodigiosa impresa del Macedone si riflet-te il sovrumano valore dell'imperatore, che, nella letteratura encomiastica ha, come costante modello proposto, sempre Alessandro, nell'occidente il significato di questa immagine è del tutto opposto, perché impiegato dalla Chiesa ad esempio di colpevole orgoglio e di superbia, in quanto tentativo di compiere un atto negato alle possibilità umane.

Ora, proprio il fatto che nella Puglia normanna del XII sec. sia concentrata la stragrande maggioranza delle rappresentazioni italiane di questo tema, fa supporre che dietro questa singolare predilezione per questo episodio, sia da scorgere la corte normanna come fonte ispiratrice, sotto i cui auspici il mosaico di Otranto e altri monumenti coevi furono eseguiti. Alessandro, il grande re, esaltato dai bi-

38. *Mosaico della zona presbiteriale.*
39. *Planimetria della cattedrale.*
40. *Particolare del cassettonato (1693).*

zantini come l'ideale modello dell'imperatore, poteva anche significare il grande re greco sconfitto (la scalata al cielo è interrotta e frustrata dall'intervento della divinità), e dunque simbolo parlante della vittoria dei normanni sugli imperatori di Bisanzio. A Otranto questa interpretazione sembra confermata dalla presenza del termine «triumphator» che accompagna, nelle iscrizioni, il nome di Guglielmo il Malo, termine insolito nella titolatura normanna, e che sembra alludere alla grande vittoria con cui Guglielmo chiuse la discordia nel suo regno, durata dal 1160 al 1163.

Visitiamo ora la **cripta** alla quale, dall'interno, possiamo accedere da due scale poste nelle navate laterali: essa si estende sotto il transetto e

le absidi ed è suddivisa in 48 campate quadrangolari coperte a crociera sostenute da 42 colonne marmoree e 23 semicolonne in muratura, nonchè da 6 pilastri inseriti nella muratura. Questo è il primo esempio in terra pugliese di cripta ad oratorio e ancora una volta, come per la Cattedrale, gli elementi spaziali e compositivi ci riportano a Montecassino. Parte delle colonne sono di spoglio, come i capitelli, alcuni dei quali di chiara matrice bizantina; eccezionali i capitelli figurati, si veda per esempio quello con i grifi o quello decorato con quattro figure di arpie (verso l'altare maggiore). Sulle pareti della cripta vi sono affreschi cinquecenteschi e tracce di decorazione medie-

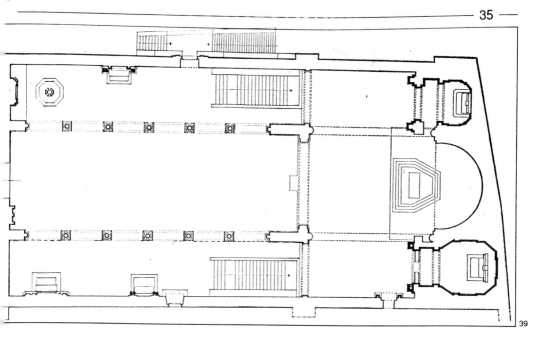

39

40

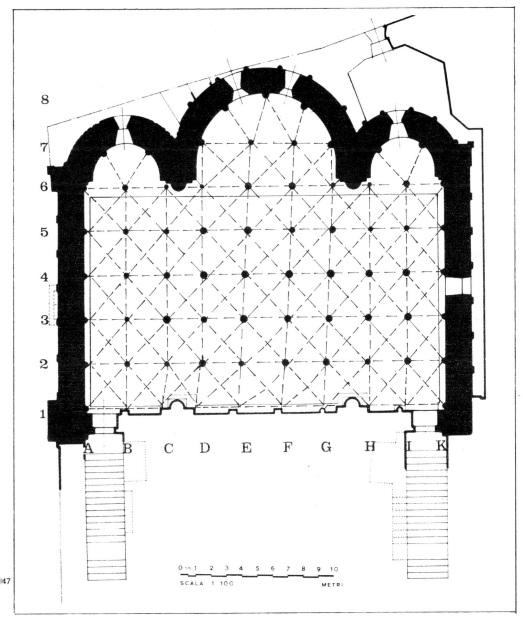

8
7
6
5
4
3
2
1

A B C D E F G H I K

0 m 1 2 3 4 5 6 7 8 9 10
SCALA 1 100   METRI

47

41-42. *Interni della Cattedrale.*
43-46. *Capitelli delle colonne della Cattedrale.*
47. *Pianta della cripta.*

48. Cripta.

vale; esistono altresì splendidi esemplari di lastre incise appartenenti al primo periodo del complesso. Risaliamo ora nella Cattedrale e dirigendoci verso l'ingresso principale iniziamo la visita agli altari, facendo notare che l'aspetto "spoglio" che presenta l'edificio deriva da radicali e non sempre giustificati restauri che negli ultimi decenni hanno cancellato buona parte delle testimonianze barocche.

Appena a destra dell'ingresso, sul muro della controfacciata, è il marmoreo sepolcro dell'arcivescovo Serafino da Squillace (1481-1514), probabilmente realizzato da N. Ferrando in composte e raffinate forme rinascimentali sul modello di analoghi esempi nella chiesa di S. Caterina d'Alessandria a Galatina. Nell'archi-trave al di sotto della lunetta è l'iscrizione: IN NOMINE TUO SALVUM ME FAC., aldisotto della lastra tombale: DECIPIMUR VOTIS TEMPORE FALLIMUR MORS DERIDET CURAS ANXIA VITA NIHIL da una parte, dall'altra SERAPHINUS ARCHIEPISCOPUS DIVI FRANCISCI ORDINIS SARCOPHAGO HOC OPERITUR e, ancora, QUI SACRUM DEI TEMPLUM A TURCIS LABEFACTUM INSTAURAVIT ORNAVITQUE. Dopo un cinquecentesco affresco di *S. Antonio abate* e in corrispondenza della navata destra, sempre sulla controfacciata, è un'epigrafe barocca che ricorda la morte della sposa di Geronimo de Marco, patrizio otrantino, del 1664.

Il primo altare della navata destra è seicentesco (1662), e apparteneva alla medesima famiglia dei de Marco; ha una bella tela con *Cristo risorto*. L'altare successivo ha una interessante tela del pittore fiammingo Pietro Mera datata 1628 raffigurante la *Vergine in gloria e due santi*. Subito dopo notiamo, appoggiate alla parete, quattro colonne completamente scolpite di chiara fattura cinquecentesca: rappresentano quanto avanza dell'antico altare-reliquiario che conservava i resti degli "800 martiri"; su una di esse a metà altezza è la seguente iscrizione che ricorda il nome dell'artefice e la data di esecuzione: OPUS GA(BRIELLIS) (MA)GI(S)TRI (RI)CCARDI LICINI MCCCCXXIIII (opera di Ga-

49. *Disegno ottocentesco della cripta.*
50. *Cripta.*

Capitelli delle colonne della cripta.

53. *Navata destra; in fondo, la cappella dei Martiri.*

briele Riccardi maestro leccese 1524). Superiamo la scala per la cripta e nell'ultimo tratto della navata ricompare il mosaico di Pantaleone; sulla destra è il cinquecentesco ingresso alla sacrestia mentre di fronte si apre lo strabiliante spettacolo della barocca *Cappella dei Martiri* dove conviene fermarci.

È a pianta ottagonale sormontata da una volta "stellata" che riceve molta luce dalle finestre del tamburo e dallo stretto ed alto lanternino. All'interno, sette degli otto lati – l'ottavo è l'ingresso alla cappella – sono occupati da altrettante lunghe teche che racchiudono i resti

mortali dei martiri rimasti insepolti e incorrotti per 13 mesi sul *colle della Minerva* e trasferiti dopo la liberazione del 1481 nella Cattedrale dove, nel 1482, fu costruita in loro onore la prima versione della cappella rifatta nel 1524. Quella che oggi ammiriamo è opera del 1711, arcivescovo F.M. De Aste, come si ricava dalle sei lunghissime epigrafi che sormontano le teche-ossario. Dietro l'altare è custodito il "sasso del martirio" usato per la decapitazione degli *Ottocento* come riferisce la seguente epigrafe sormontante: HOC LAPIDE CIVES SUA GUTTURA TURCIS TRUNCANDA OB CHRISTI DEPOSUERE FI-

54-55. Cappella dei Martiri.

DEM A.D. MCDLXXX. Usciamo da questo che è il luogo più commovente della Cattedrale non senza aver ammirato, quasi all'uscita, in alto, le statue simboliche della *fede Cattolica* e della *Fortezza* tratte dall'*Iconologia* di Cesare Ripa, e raggiungiamo l'abside della navata sinistra che è la *cappella del Sacramento*, splendida opera barocca specialmente nel raffinato gruppo ad altorilievo dell'arco realizzato da maestranze provenienti da Corigliano che negli stessi anni lavoravano in patria e a Ruffano. Voltando le spalle a questa cappella noteremo un'altra scala che conduce alla cripta e ammirando quello che rimane del mosaico pavimentale medievale, superiamo la porta laterale raggiungendo un altare neoclassico con una seicentesca tela della *Visitazione*. In fondo alla navata, addossato alla controfacciata è il barocco monumento funebre (1720) dell'arcivescovo De Aste morto il 1719; anche quest'opera è di maestranze coriglianesi. Ai piedi di questo monumento è una lastra tombale del 1655 che, come dice l'epigrafe, conserva i resti mortali dell'arcivescovo Gaetano Cosso. Nei pressi è il marmoreo, settecentesco, fonte battesimale voluto, insieme al distrutto altare maggiore, dall'arcivescovo M. Orsi (1722-1752); autori ne furono i *marmorari* napoletani Baldassarre e Nicola De Lucca.

Usciamo dalla Cattedrale e ammiriamo ancora

l'equilibrio spaziale conservato – grazie anche a quinte edilizie rimaste integre – da *piazza Basilica*; alla nostra sinistra, in angolo con la Cattedrale è l'*Episcopio* e il *Seminario*; insieme costituiscono il complesso edilizio più vasto dell'abitato antico. Sullo stesso lato dopo la stretta e rettilinea *via Castello* è il prospetto cinque-seicentesco del cosiddetto *palazzo Lopez* sede recente del *Museo Diocesano di Arte Sacra*: entriamoci; inaugurato il 1° luglio 1992 dall'arcivescovo Vincenzo Franco e dal cardinale Camillo Ruini, a piano terra espone reperti scultorei di varie epoche tra cui due barocche colonne tortili (verso l'ingresso); nell'ultima saletta è il monolitico ottagonale fonte battesimale realizzato verso il 1524 da G. Riccardi. Negli otto scomparti, a bassorilievo, sono "rilevati gli aspetti sincroni del battesimo, nei suoi effetti e nella sua causa meritoria (la redenzione)"; le scene sono commentate da epigrafi latine di classico sapore umanistico. Nel piano superiore vi sono numerose tele e i frammenti del mosaico del IV-V sec. rinvenuti sotto il mosaico di Pantaleone nel corso del suo restauro; accanto è una grande campana del 1832 proveniente dal campanile della Cattedrale (orario del Museo: 10-12 e 16,30-20,30).
Usciamo dal *Museo* e percorrendo tutta la stretta *via Castello* arriviamo al cospetto del

56. Il rosone.
57. Palazzo Lopez (Museo diocesano)

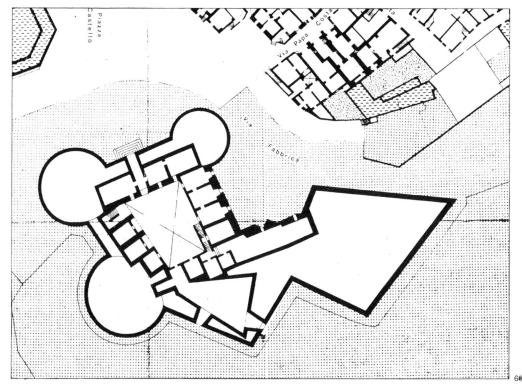

grandioso **Castello aragonese**, integralmente ricostruito subito dopo la liberazione del 1481; originalmente doveva presentarsi secondo il tipico schema planimetrico dell'edilizia difensiva aragonese: un impianto quadrangolare con agli spigoli altrettante torri circolari scarpate. Naturalmente era interamente isolato dall'abitato da un profondo fossato progressivamente messo in luce; l'unico accesso era costituito dal ponte levatoio del quale sono state rinvenute le strutture murarie nel corso dei recenti lavori di restauro. Nella seconda metà del '500, ad opera dello Spannocchi, fu provvisto del formidabile bastione che arriva a pochi metri dal porto, inglobando il corrispondente torrione angolare. All'interno è una spaziosa piazza d'armi con una scalinata che conduce ai piani superiori; vi è pure una cappella con un'epigrafe del 1707 del castellano dell'epoca; sulle cornici delle pareti vi sono lunghe epigrafi in lingua spagnola.

Notevoli lavori di consolidamento furono eseguiti nel corso delle rivolte masanielliane del 1647; dall'inedito documento che li testimonia, sappiamo che questi furono affidati al "mastro" leccese G. Francesco Saponaro per la somma di 1020 ducati e che i torrioni avevano i seguenti nomi: della *Croce*, di *S. Giovanni*, di *S. Antonio* e dell'*Annunciata*; nello stesso anno fu notevolmente restaurata la *Torre mastra* e tutta la "muraglia dalla parte del fosso e della porta di soccorso che esce alla cam-

58. Il castello in un'incisione dell'Ottocento.
59. Castello, planimetria.
60. Ingresso al Castello.
61. Torrione del Castello.

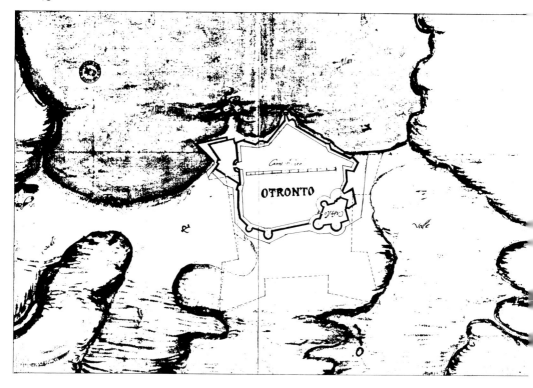

62. *Planimetria cinquecentesca dell'abitato con un'i-potesi di ampliamento.*
63. *Via Scupoli.*
64-67. *Aspetti del centro antico.*

pagna".
Ritorniamo sui nostri passi per addentrarci ancora nell'abitato antico imboccando, sulla destra, *via Papa Costantino*; svoltiamo quindi in *via Immacolata* dove esisteva – si scorgono ancora gli avanzi – una omonima cappella; imbocchiamo il vicoletto a sinistra: l'arco rampante che ci troveremo di fronte indica la mole del *bastione dei Pelasgi*. Procediamo avanti in salita e svoltando ancora a sinistra ci troveremo sulla *cortina dei Pelasgi* da dove si ammira un vastissimo panorama; percorriamolo fino all'estremità opposta notando la grazia della minuta architettura civile; svoltiamo ancora a sinistra e un largo che si affaccia sul mare ci

Cattedrale, particolare del mosaico pavimentale.

Porta Alfonsina e via A. d'Aragona (Foto F. De Vito, Martano).

64

65

66

67

indica che stiamo sopra un altro baluardo della cinta fortificata. Imbocchiamo quindi la stradina che in discesa ci porta al *corso Garibaldi*, l'arteria commerciale della città; prima di svoltare a sinistra proprio di fronte a noi c'è l'arco di *palazzo Arcella* i cui piedritti sono le già ricordate basi onorarie di età romana. Percorriamo, in leggera salita, tutto il corso annotando quanto ci può interessare dei negozi che espongono i tipici prodotti dell'artigianato locale; il corso termina in *piazza del Popolo* dove svetta la *Torre dell'orologio* costruita nel 1799, provvista dello stemma della città (la torre col serpe avvinghiato). Da qui seguiamo le indicazioni per la *basilichetta bizantina di S. Pietro* che si raggiunge da una caratteristica e irregolare scalinata.

68. Corso Garibaldi.
69. Dal bastione dei Pelasgi.

LA "BASILICHETTA" DI S. PIETRO

È uno degli edifici medievali del Mezzogiorno più legati alla tradizione costruttiva bizantina: ha infatti una pianta a croce greca inscritta in un quadrato, con cupola all'incrocio dei due bracci e tre absidi, di cui quella centrale più sviluppata, aggettanti. Ricorda da vicino la *Cattolica di Stilo* e il *S. Marco di Rossano*, edifici entrambi in Calabria. L'edificio originario presentava una porta laterale e, probabilmente, aveva addossato una struttura absidata "che doveva fungere da parecclesion". L'interno, così come lo vediamo, è il risultato di re-

70. *S. Pietro vista dall'alto.*

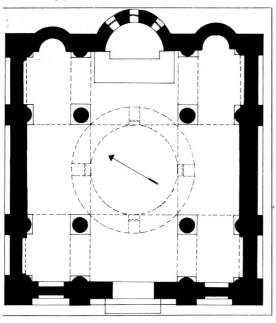

centi restauri nel corso dei quali è stato demolito il maggior altare costruito nella prima metà del '600; di questo è rimasto la sola statua lapidea di *S. Pietro* che alla base reca la seguente epigrafe: CESARE PENNA DI LECCE SCOLPI/1635 GEN(N)ARO. Ma sono gli affreschi interni ad attirare la nostra attenzione; lasciamo perciò la parola a Maria Milella Lovecchio:

La piccola chiesa di San Pietro d'Otranto, individuata da A. Guillou (1977) come la cattedrale della città bizantina e datata dallo stesso fra la fine del sec. IX e gli inizi del X sec., ha rivelato con il restauro degli affreschi diverse fasi di intervento, alcune delle quali di altissima qualità pittorica.

La prima stesura è individuabile nelle due scene affrontate della *Lavanda dei piedi* e dell'*Ultima Cena*, sulla volta a botte della navatella nord-ovest. Tali

71. S. Pietro, planimetria (dis. M. Cazzato).
72. S. Pietro prima dei "restauri".
73. S. Pietro oggi.
74. S. Pietro.

affreschi datati in maniera diversa dall'XI al XV secolo, sono stati restituiti da Guillou e da Belting al X secolo.

Nella *Lavanda dei piedi* si ripropone la formula del codice purpureo di Rossano adottata anche negli affreschi della Cappadocia, in cui Cristo, con nimbo crocesignato e perlinato, è rappresentato nell'atto di sollevare la gamba di San Pietro. Questi è raffigurato seduto dinnanzi ad una bacinella colma d'acqua, mentre si addita il capo con mano alzata traducendo letteralmente il testo dell'evangelo "Non solo le mie mani, ma anche la mia testa" (Giovanni 13,9).

In basso a destra è la figuretta di Giovanni colta nell'atto di sciogliersi i calzari.

Fra la testa del Cristo e di Pietro si inserisce il passo del vangelo di Giovanni (13,8-11) per la cui paleografia Guillou ha notato strette corrispondenze con gli alfabeti adoperati negli affreschi della Cappadocia della fine del IX, inizio X secolo e con la stessa leggenda nella cappella d'Ayvali Kilise.

L'*Ultima Cena* reca il titolo ὁ δῖπνος μυστίκς. La mensa è a forma di semicerchio, sulla sinistra domina idealmente la composizione la figura più grande del Cristo, gli è accanto Giovanni, seguono gli apostoli disposti non nel loro ordine di anzianità (con Pietro, Andrea e Matteo vicini al Cristo) ma in un gioco di alternanze cromatiche. Giuda con il braccio allungato sulla tavola, più piccolo degli altri, privo di nimbo è isolato sul lato destro dinanzi alla mensa, secondo una variante dello schema bizantino che la Sandberg Vavalà pone in rapporto con l'iconografia invalsa nelle province orientali dell'impero e soprattutto con la Cappadocia, si pensi a proposito al Cenacolo di Qeledylar.

L'ambiente è indicato dagli elementi architettonici ai lati del riquadro che sostengono un listello sul quale si avvolge la tenda, motivo insolito dovuto per Guillou ad una errata interpretazione di un fondo di scena come quello dell'Evangelario della Biblioteca Nazionale di Parigi.

La tecnica coloristica e la maniera di modellare le figure tramite contorni rigidi e schematici delle due scene idruntine risulta essere affine, come ha già notato la critica, con il pittore di nome Teofilatto che nel X secolo affresca l'Angelo Annunziante nella cripta delle sante Marina e Cristina di Carpignano.

«Con tale direttrice di attività fra centri tra loro distanti non oltre una ventina di chilometri (...) si è potuto fissare un contesto stilistico che permette di stabilire positivamente la 'versione italo-meridionale' del linguaggio figurativo bizantino» che si ricollega con lo stile cosiddetto 'arcaico' della Cappadocia. Corrente da ricollegare a quella apparsa a Costantinopoli nella seconda metà del IX secolo e rapidamente imitata e semplificata, oltre che in Cappadocia, in Grecia a Castoria, a Cipro e nell'Italia Meridionale a riprova della larga diffusione della cultura bizantina in tutto il mondo greco-mediterraneo.

Quando l'amministrazione bizantina lascia l'Italia, ripiegando davanti all'arrivo dei normanni, la popolazione greca, soprattutto nel Salento, continua a mantenere vivi i segni di una cultura di tipo orientale. L'intervento di restauro ha infatti confermato l'ipotesi avanzata da D. Wright e accettata da Pace, secondo la quale, la *Natività*, la *Pentecoste*, l'*Anastasis*, e uno degli *Evangelisti* dei pennacchi si devono ritenere opere di un pittore metropolitano operante intorno al 1300. A questi affreschi vanno aggiunti, nonostante le diversità stilistiche, la *Creazione della donna*, di cui si conserva solo l'Adamo disteso, la sottostante *Vergogna dopo il peccato*, datati precedentemente al sex. XII e accostati per alcuni dettagli iconografici, quali la forma dell'albero, il rotulo tenuto da Cristo, alle *scene della Genesi* della cappella Palatina di Palermo e della cattedrale di Monreale (sec. XII).

Anche l'affresco nell'imbotte del braccio sud, raffigurante il *Battesimo di Cristo*, pur presentando dettagli iconografici simili al Tetraevangelo del codice *Paris. Gr. 75*, foglio 95 (XII sec.) presenta motivi di marca occidentale: si veda l'angelo vicino al Cristo con ginocchio posato sulla terra, l'assenza del velo sulle mani del secondo angelo.

L'iscrizione greca [Η Βα]πτη-σις τ(ὖο) Κ(ὑρο)ν tradisce, come ha fatto notare Guillou, per la sua grafia arcaicizzante e la formula insolita, un ambiente provinciale ed attardato.

Anche gli altri due *Evangelisti* nei pennacchi sono contemporanei, ne è riprova la presenza dell'identico intonaco in cotto.

Gli affreschi in questione hanno rivelato in seguito all'intervento restaurativo, una elevata qualità materica, per la presenza di lapislazzuli e azzurrite. Le stesure pittoriche nell'edificio continuano fino a giungere alle tempere cinquecentesche, quali la *Presentazione al Tempio* sul lato destro, e figure di *Santi* sugli pseudocapitelli (da AA.VV., *Restauri in Puglia 1971-81*, Fasano 1983, pp. 132-35).

75. S. Pietro, interno.

Usciamo da questo "museo della pittura bizantina" e svoltando a destra oltrepassiamo un arco per raggiungere *via Scupoli* dove troveremo diversi esempi di edilizia tra '500 e '700; stupenda la finestra a primo piano di *palazzo Maroccia* (al civico 19). Accanto agli ingressi delle abitazioni, l'abbiamo notato altrove, sono collocate grosse palle di pietra: sono i terribili proiettili che l'artiglieria turca lanciò distruggendo la città nel fatidico 1480. Girando a destra percorriamo la rettilinea strada intitolata allo Scupoli (1530-1610) che, per i pochi che non lo sapessero, è uno dei figli più illustri di Otranto, l'autore del *Combattimento Spirituale*, uno dei testi più celebri della spiritualità cristiana, tradotto in tutte le lingue, arabo compreso, e che già nel 1775 contava ben 257 edizioni in tutto il mondo.

76. Piazzetta S. Pietro.
77. Lungomare degli Eroi.

In fondo, attraverso due stradine (via De Ferraris e poi, a sinistra, via Melorio) giungiamo alla parte iniziale del *Lungomare degli Eroi* che in corrispondenza di *Largo Cavour* presenta il monumento bronzeo ai Martiri del 1480 realizzato da Antonio Bortone e inaugurato solennemente il 3.12.1922; il largo e il basamento furono sistemati dall'ingegnere Gaetano Marschizek. Continuiamo la passeggiata sul lungomare arrivando ai giardini; da qui possiamo fare un salto alla *chiesa conventuale di S. Antonio* "rifatta" il 1962; a dispetto dell'esterno all'interno si conservano preziosi cimeli barocchi: i due altari laterali, di *S. Francesco* (1671) e di *S. Antonio* (sulla destra, del 1666) sul quale è inciso il nome dell'artefice: AMBROSIUS MARTINELLI / COPERTINENSIS SCULPEBAT; nel coro dove possiamo ammirare la bella volta, si conser-

78. Cappella della Madonna del Passo (al porto).
79. Antica cartolina del Colle della Minerva.

80. Scalinata per il Colle.
81. Chiesa di S. Maria dei Martiri.
82. Chiesa e Convento.
83. S. Maria dei Martiri, altare maggiore.

va la grande, luminosa tela della *Vergine e santi*, autografo lavoro di Luca Giordano.

Dalla vicina via *S. Francesco di Paola* arriviamo in *via del Porto* al cui termine, prima del Camping Idrusa, c'è la *cappella della Madonna del Passo*: tradizione vuole che da qui passarono gli *Ottocento martiri* condotti a morire per la fede sul colle della Minerva che si scorge proprio dietro questa cappella; arriviamoci perciò a piedi seguendo le indicazioni per il *Santuario di S. Maria dei Martiri*.

La lunga scalinata ai piedi dell'altura è fiancheggiata da due pilastri con due epigrafi marmoree che rammentano al viandante l'eccidio del 1480. Sulla destra, a metà scala, una cappelluccia ci indica il luogo ove fu collocato il "sasso del martirio"; di fronte è una colonna che ci ricorda la morte subita da Berlabei, il carnefice turco che allo spettacolo degli otran-

82

83

84. Disegno ottocentesco del "martirio degli 800".

tini immolati si convertì alla fede cristiana e, pertanto, decapitato. Alla fine della lunga scala è il sereno prospetto della chiesa-santuario ricostruita, come ci ricorda l'epigrafe posta sul portale, il 1614; maestranze leccesi furono attive nel cantiere iniziato nel 1613 e finanziato da un pio committente, il dovizioso commerciante d'olio G. Francesco Arnesano con le cui sostanze si costruì negli stessi anni anche l'attiguo convento dei Minimi.

L'interno della chiesa rappresenta la tipica aula della controriforma, luminosissima, provvista sulle pareti di notevoli esempi di altari e tele barocche (da segnalare quella con la *Vergine e S. Lorenzo* con sullo sfondo il profilo di Otranto e, ai piedi del gruppo, le figure dei pii committenti; è una tela dei primi del '600,

opera di A. Donato d'Orlando. Di particolare rilevanza l'altare maggiore, opera fastosamente barocca alle cui spalle è la grande tela di L. Zoppo raffigurante la *presa di Otranto* con il martirio dei suoi abitanti (fine sec. XVI).

Prima di uscire dalla chiesa notiamo sulla nostra destra una lunga epigrafe che il 1880 lo storico salentino L.G. De Simone dettò a conclusione delle celebrazioni del quarto centenario del martirio. Usciamo, ora, e ammiriamo il vasto panorama della città e della *valle delle Memorie* non senza aver meditato sull'epigrafe dell'architrave del portale della chiesa: CONSTANTIA SUA FACTI SUNT IMMORTALES MCCCCLXXX

MARIO CAZZATO

I Dintorni di Otranto

In un'area geografica come quella otrantina, lo spazio fisico, lo spazio geografico, lo spazio storico, lo spazio artistico e quello culturale non sono ambiti concepibili singolarmente anche se per ogni ambito si potrebbe scrivere una monografia.

Otranto è "punto geografico", è riferimento culturale, è capitolo di storia, è punto d'incontro di civiltà, è "Porta d'Italia", è affaccio sul Mediterraneo, è stato nodo viario, almeno fino all'età moderna, per la Balcania, per la Terra Santa, per la Grecia e per Costantinopoli.

Ma per la sua posizione geografica ne ha risentito maggiormente degli "svolgimenti della generale storia d'Europa e del Mediterraneo", tanto che quella "Porta" è servita anche per chiudersi e difendersi dalla pirateria e dagli assalti turcheschi, che dopo la caduta di Costantinopoli diventarono sempre più accaniti e sanguinosi culminando con il terrorizzante evento del 1480.

Otranto rimane la città più orientale d'Italia, la città più vicina alle coste della Balcania, ma è anche la città più lontana dall'Italia industriale, frenetica, caotica, inquinata, rumorosa, disordinata e "ricca".

Quindi la posizione geografica non è soltanto un pretesto per venire a Otranto, anche se qui ciò che conta è soprattutto la storia, una storia

85. I Caratteri dell'habitat e la rete viaria intorno a Otranto nella cartografia della fine del '700 (Atlante geogr. del Rizzi Zannoni).

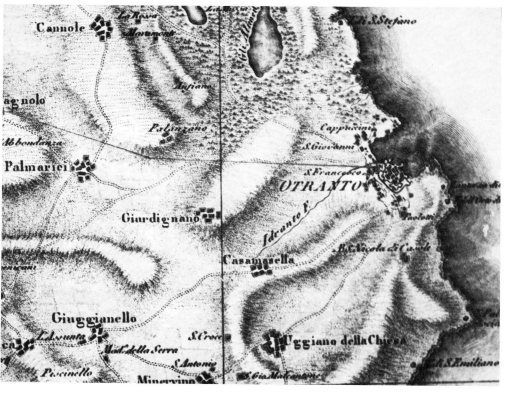

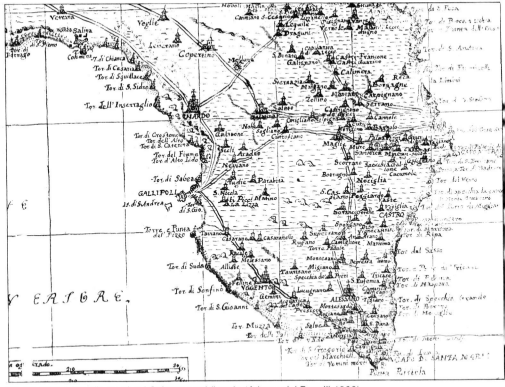

86. Viabilità e insediamenti nel Salento meridionale (Atlante del Pacelli 1806).

millenaria che ha lasciato i suoi *segni* non soltanto all'interno della città, ma anche in ambiente rurale, dove il fattore fisico e l'opera dell'uomo hanno determinato un tipico "paesaggio culturale".

Città e campagna, in questa estrema regione d'Italia, in questa sub-regione della Puglia, sono termini difficilmente inscindibili e parlare di territorio otrantino o "Idruntino" è già molto restrittivo.

La *Terra d'Otranto* aveva confini molto più ampi e comprendeva le attuali provincie di Lecce, Brindisi, Taranto e parte della Lucania. Bisognerebbe muoversi nell'ambito di quei confini, quindi, per comprendere il significato storico e culturale di questa città e il ruolo che

essa ha svolto nel quadro generale della storia del Mezzogiorno. Ma dobbiamo mantenerci nei confini amministrativi attuali, anche per non perdere di vista il taglio prevalentemente "turistico" e divulgativo di questa "Guida".

La individualità di Otranto, dicevamo, è proprio in quell'irradiarsi della storia dalla città al territorio circostante, dalla città alla campagna, ma forse è meglio dire che per comprendere la storia complessiva di Otranto bisogna partire dalla campagna e dalla morfologia stessa del territorio, perchè il determinismo fisico ha giocato un ruolo importante nella storia di questa città. Non ce la possiamo immaginare una storia di Otranto tutta compresa all'interno delle mura. Bisogna uscire dalla città, magari spingersi fino ai vicini centri abitati di Giurdignano, di Uggiano la Chiesa e di Casamassella per avere l'idea di quanto la storia ha influito sul disegno del paesaggio e quanto l'elemento fisico ha contribuito nel processo di

87. *Il territorio di Otranto nella cartografia catastale.*

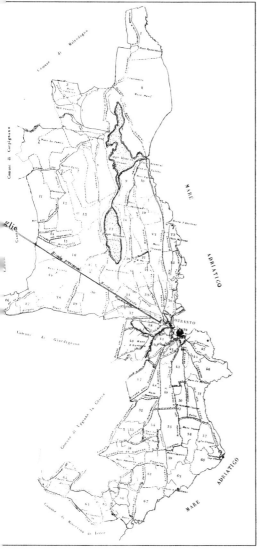

88. *Menhir nei pressi della masseria S. Giovanni Malcantone.*

umanizzazione dello spazio geografico. Proprio in ambiente rurale la storia ha lasciato segni profondi che si sono cristallizzati nella geometrica suddivisione dei campi, nella fitta trama dei muretti a secco che delimitano le unità fondiarie, lungo il tracciato delle antiche strade segnate da profonde carrarecce. Una storia millenaria testimoniata dalle misteriose

89. Masseria S. Giovanni Malcantone. Torre cinquecentesca.

"pietrefitte", i numerosi *menhir* che sembrano pietre germogliate dalla pietra; dal tenace equilibrio dei blocchi di pietra che formano i *dolmen*; dalle singolari costruzioni trulliformi in pietra a secco, dimore temporanee di contadini operosi che con la pietra hanno sempre svolto un dialogo concitato e che con quella pietra hanno realizzato pregevoli opere di architettura; dalle varie tipologie degli insediamenti rupestri, numerosi in territorio otrantino; dalle monumentali masserie che con i loro volumi severi e di una esasperata essenzialità affascinano ancora pur nell'attuale stato di abbandono. Ruderi di cappelle rurali, croci e simboli religiosi incisi nella pietra testimoniano, poi, una presenza attiva, fittissima di comunità rurali. Resti di antichi casali, il cui toponimo si è perpetuato in alcune località o nei più recenti insediamenti rurali.

Un territorio, quello otrantino, che può essere considerato ancora come "lo specchio che restituisce gli eventi umani che vi si sono svolti e che vi si svolgono", un territorio, altresì, dove l'uomo, nella veste di oggetto e di soggetto storico, è stato protagonista delle diverse trasformazioni.

In un territorio come questo ogni percorso può diventare un itinerario turistico-culturale perchè natura e cultura si fondono e definiscono paesaggi inconsueti.

Si può percorrere il tracciato di un'importante strada di antica frequentazione, non troveremo certo "monumenti", ma il fascino può essere in quei solchi profondi lasciati sulla roccia af-

Chiesa bizantina di S. Pietro

A pagina successiva.
S. Pietro, interno, affreschi (Foto Az. Sogg. Turismo - Otranto)
Passeggiata del bastione Pelasgi (Foto F. De Vito, Martano).

fiorante dalle ruote dei carri. Quei solchi ci ricorderanno che ad Otranto arrivavano eserciti e pellegrini diretti in Terra Santa, armi e soldati per la conquista dell'Oriente. Monaci colti e uomini schiavi sbarcavano ad Otranto provenienti dal vicino Oriente e da Otranto si dirigevano nell'entroterra percorrendo antiche strade o tracciandone altre. Da Otranto partivano i prodotti della nostra campagna, e allora anche la microviabilità, quella che collegava l'insediamento rurale con le grandi arterie, può diventare itinerario. Un itinerario possibile può essere il tuortuoso svolgersi di un canale o di un fiumiciattolo, lì troveremo maggiormente diffuso l'insediamento rupestre. Poi, se ci lasciamo guidare dal piacere di un contatto diretto con la campagna, possiamo abbandonare

qualsiasi tipo di strada ed addentrarci tra gli ulivi secolari, i cui filari, disposti parallelamente, hanno quasi sempre come punto di fuga quelle tipiche costruzioni in pietra a secco, che da queste parti vengono comunemente chiamate *pagghiari, furni, furnieddhi, chipuri, calavaci*. In queste campagne troveremo *dolmen* e misteriosi cumuli di pietre, svettanti *menhir* disposti sui confini delle unità agrofondiarie o posti al centro di un incrocio stradale. Poi, le masserie, generalmente "fortificate", a conferma di una atavica insicurezza del vivere in campagna. Da queste parti la presenza del "terribile Turco" era più assidua e terrorizzante, un incubo che ha tormentato l'animo delle genti e che è rimasto impresso nei numerosi graffiti raffiguranti sagome di velieri e di navi

90. *Profonde carrarecce sul tracciato dell'antica strada Lecce-Otranto.*
91. *Una grotta nei pressi della vecchia strada Otranto-Uggiano la Chiesa.*

pirate, graffiti che possiamo trovare in aperta campagna sulle rugose superfici dei massi che delimitano le strade, sui muri delle masserie e sulle colonne dei pozzi. Ruderi di insediamenti religiosi, monumentali abbazie, dalle quali le comunità monastiche diffondevano la loro cultura e le loro tecniche colturali. A quei monaci il paesaggio agrario salentino deve molto, alla loro opera sono dovuti i grandi interventi di bonifica, di utilizzazione del suolo e di organizzazione dell'habitat rurale, che in epoca bizantina si espresse nel *chorion*, prima, e poi nei *kastra* e nei *kastellia* difesi da torri di sorveglianza e di avvistamento (*pyrgoi*).

92. Singolare costruzione trulliforme nei pressi di Minervino.
93. Il porto, la città e la campgna intorno a Otranto (Atlante del Pacelli, 1806).

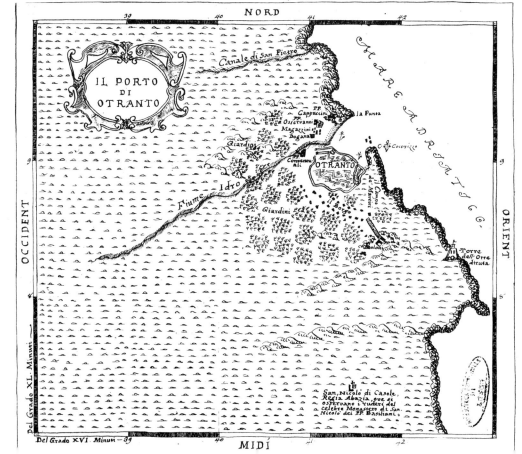

Itinerari consigliati

I. La valle delle Memorie

Usciamo dalla città e dirigiamoci verso il Borgo della Minerva, abbiamo lasciato a sinistra il Castello e siamo ai piedi del colle della Minerva, dove sorge la chiesa di S. Francesco o dei Martiri. All'inizio del Borgo troviamo segnalata la via Memorie, seguiamone il tracciato passando davanti ad alcune case di recente costruzione che nascondono le pareti della roccia dove sono evidenti i segni di un insediamento rupestre. Seguiamo l'indicazione per Torre Pinta, dopo qualche centinaio di metri si apre ai nostri occhi un'ampia vallata definita dal Monte Serro e dal Monte Lauro. Un fertile anfiteatro disegnato da orti e giardini dove si coltiva la tipica *cicoria otrantina*.

Su una lieve ondulazione del terreno s'innalza il complesso edilizio della Masseria Torre Pinta, recentemente restaurata. Sulle pareti rocciose che circondano la valle delle Memorie si aprono numerose cellette isolate o disposte in piccoli gruppi. Qui il fenomeno rupestre assume un alto indice di affittimento, le caratteri-

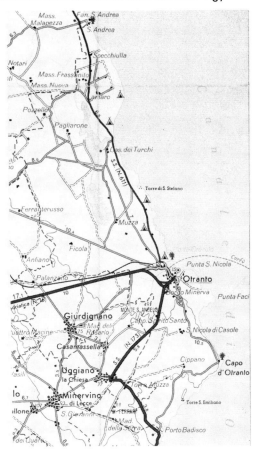

94. *Territorio e rete viaria nella cartografia attuale.*
95. *Il Borgo della Minerva (dis. Antonio Costantini 1966).*

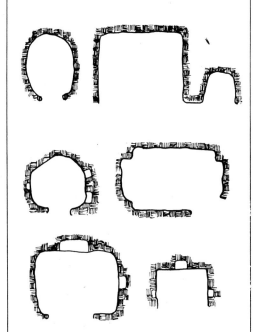

96. La Valle delle Memorie. In alto, a sinistra, la masseria Torre Pinta.
97. Tipologia di grotte nell'insediamento rupestre della Valle delle Memorie '(da G. Uggeri "Otranto Paleocristiana").
98. Via Memorie. Tracce di un insediamento rupestre.
99. Torre colombaia della masseria Torre Pinta.

stiche orografiche e morfologiche del territorio hanno notevolmente agevolato il fenomeno degli aggrottamenti e la continuità di frequentazione del sito le cui origini si possono far risalire ad epoca remota.

La presenza di un muro megalitico, poco distante dalla cripta di San Nicola, fa pensare ad un insediamento molto antico, ma siamo certi che l'intera vallata fu abitata successivamente da una comunità rurale forse dipendente dal Monastero di San Nicola di Casole. La tipologia delle grotte è molto varia, alcune somigliano "alle tombe a forno sicule dell'età del bronzo" e farebbero pensare a grotte preistoriche riusate dai monaci in epoca bizantina, altre sono a pianta rettangolare e completamente aperte davanti, altre ancora presentano un impianto

100. Ipogeo di Torre Pinta, spaccato assonometrico (da BELL'ITALIA).
101. Ipogeo di Torre Pinta.

planimetrico definito da più vani a pianta circolare, mentre molto articolata si presenta la pianta della cripta di San Nicola alla quale si accede da tre ampi ingressi frontali e da uno laterale, il tutto coperto da una fitta vegetazione.
Da visitare è soltanto l'ipogeo di Torre Pinta, un corridoio lungo 33 metri coperto da volta a botte che immette ad un vano a pianta circolare, aperto superiormente e sormontato da una torre colombaia cilindrica, di epoca più recente, facente parte del complesso edilizio della masseria. Il lungo dromos e il vano circolare, dal quale si diramano a raggiera tre locali coperti a botte, sono interessati da una serie di piccole nicchie che erroneamente vengono confuse per sepolture. La presenza di un pic-

colo locale a pianta circolare scavato all'inizio del corridoio, sulla destra, e le tracce di altri aggrottamenti posti ai lati dell'ingresso all'ipogeo, suggeriscono l'ipotesi di un complesso molto più articolato databile probabilmente ad epoca romana o comunque pre-medievale, come la vicina cripta di San Nicola.

Il complesso rupestre della Valle delle Memorie è forse il più significativo, senz'altro il più suggestivo, di tutti gli insediamenti rupestri del Basso Salento, il suo fascino è anche nella singolarità del paesaggio che lo circonda anche se la recente costruzione del viadotto realizzato per alleggerire il traffico all'interno della città e per agevolare il raccordo alla litoranea che porta a Santa Maria di Leuca ha alterato notevolmente le linee del paesaggio stesso.

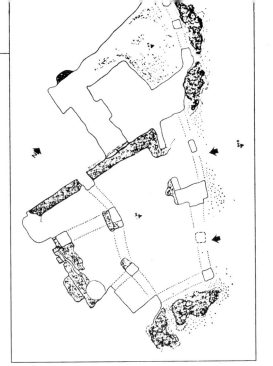

102. Cripta di S. Nicola, pianta (da "Gli insediamenti rupestri medioevali nel Basso Salento").
103. Cripta di S. Nicola.

II. La valle dell'Idro

"Quanto ricco d'onor povero d'onde" scrive Cosimo De Giorgi, verso la fine dell'Ottocento parlando del fiume Idro che dà il nome a questa fertile vallata alle porte di Otranto.

L'Idro è il fiume che ha dato il nome alla città di Otranto, ma è anche il serpe che "si avviticchia sulla torre, scelto tristamente ad arma di Otranto" ricordando che col suo corso "serpiginoso si dirige verso la città, la investe colla malaria e ne attossica l'esistenza", scriveva ancora il De Giorgi.

Dalle alture di Monte S. Angelo, così denominato da una grotta bizantina dedicata a S. Angelo, il fiume Idro scende tortuoso e si riversa in mare proprio nei pressi della città. Lungo il suo corso piccoli appezzamenti di terreno sono ancora coltivati dai contadini del posto che riescono a trarre buoni profitti dalla coltura degli ortaggi, dalle verdure e dai frutti che qui crescono rigogliosi per la presenza di pozzi che consentono di attingere acqua a poca profondità, ma soprattutto per la fertilità dei terreni riscaldati da un sole che anche d'inverno illumina questo splendido paesaggio. In queste vallate "ci sono molte sorgenti e fonti di acqua purissima che scorrono tra le piante

104. Insediamenti rupestri nella Valle delle Memorie e nella Valle dell'Idro (da G. Uggeri "Otranto Paleocristiana").

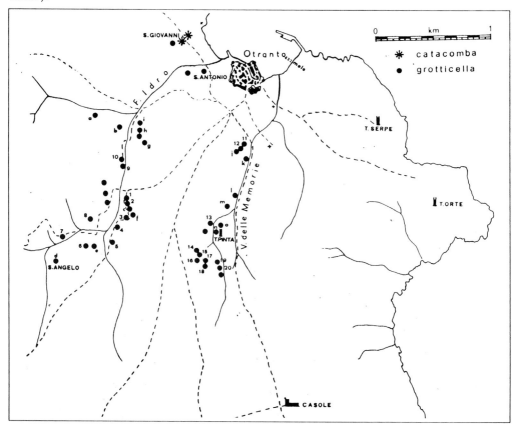

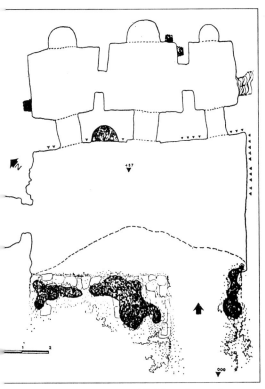

105. Cripta di S. Angelo (da"Gli insediamenti rupestri medioevali del Basso Salento").

ma dell'impaludamento, che probabilmente risale al periodo dell'abbandono delle terre determinatosi in seguito alla caduta di Otranto dopo la distruzione del 1480. Le pareti che definiscono la valle dell'Idro sono costellate da grotte di varia forma e dimensione con tipologie corrispondenti ai diversi usi e destinazione.

Dal Monte S. Angelo (49 m. s.l.m.) alle pareti del Monte le "Piccioniere", del Monte Carlo Magno, e del Monte Lauro Vecchio, il percorso del fiume Idro o Canale di Carlo Magno possiamo definirlo l'itinerario della civiltà rupestre, ma tre gruppi di grotte sono particolarmente interessanti. Per la descrizione di questi insediamenti ci serviamo dell'interessante saggio: *Gli insediamenti rupestri medievali*

106. La ricca vegetazione lungo il fiume Idro.

di alloro e gli agrumi e, cosa rara in questa regione", scriveva il Galateo nel '500, "si trovano molti pozzi di profondità tanto modesta che puoi attingere l'acqua con una mano. Pare", scriveva ancora l'illustre umanista, "che questo pezzo di terra si sia staccato dal Peloponneso o da Tempe e si sia unito all'Italia. Il clima è molto salubre, il terreno fertile, e pieno di fonti, sempre verdeggiante perchè cosparso di lauri, di mirti, di olivi e di agrumi".

Un sito privilegiato, quindi, dove l'insediamento ha certamente origini remote, come nella vicina Valle delle Memorie.

Considerato che l'attuale valle dell'Idro si estendeva fino alle paludi *Limini*, bonificate verso la prima metà di questo secolo, l'insediamento rupestre, in quest'area, esisteva già pri-

107. Ponte sul fiume Idro.
108. Monte S. Angelo.
109. Monte le "Piccioniere".
110. Monte le "Piccioniere", al centro i resti di un antico colombaio.

nel Basso Salento, AA.VV. (edito da Congedo, Galatina, 1979).

"Un primo gruppo appena all'ingresso della Valle, sulla sinistra, comprende una serie di grotticelle, alcune delle quali a doppio locale, uno anteriore più grande e uno posteriore, di dimensioni ridotte, probabilmente utilizzato come nicchia-alcova; ovunque sono presenti nicchie a ripiano, tracce di iscrizioni greche e nello spiazzo antistante è situata una cisterna".

Un secondo gruppo, più consistente, caratterizza le pendici di Monte Lauro Vecchio, dove le grotte sono poste a diversi livelli e presentano il solito impianto planimetrico con un ambiente più ampio, una nicchia tipo alcova e altre nicchie a ripiano. Particolarmente interessanti le due cavità che presentano sulle pareti numerosi graffiti, in una, quella a pianta quadrangolare, "sono graffite due mani sinistre e la sillaba FA (probabilmente si tratta di un ex-voto), nell'altra, posta ad un livello superiore, sono graffite, oltre a croci latine, la figura di un guerriero nel tipico abbigliamento turco, con pantaloni sblusati e copricapo; questo guerriero con una mano impugna una scimitarra, mentre con l'altra sembra indicare Otranto" accanto vi sono i graffiti raffiguranti velieri su cui è stata incisa una croce latina. Anche qui la testimonianza del terrore per il terribile Turco.

Sulle pareti del Monte "Le Piccioniere", vi sono i resti di un colombaio semidistrutto con file di nicchiette rettangolari.

Il terzo aggrottamento lo troviamo sulle pendici del Monte "S. Angelo", esso "è inserito in un semplice, ma funzionale impianto urbani-

8

9

10

stico, scandito di strade sia nel fondo valle, che lungo le pendici delle colline; vi sono inoltre cisterne e pozzi. Si tratta, pertanto, di un tipico villaggio rupestre completo nelle sue, se pur elementari, strutture quali appunto abitazioni, stalle, depositi agricoli, luoghi di culto, inserite ed integrate nell'habitat circostante (*Gli insediamenti rupestri*, cit., p. 140).

Di particolare interesse la Grotta S. Angelo, che prende il nome "dall'effige dell'Arcangelo Michele dipinta a fresco nell'atrio rettangolare della grotta". Il De Giorgi, che identifica questa cripta con il luogo di culto della grancia di S. Maria della Grotta dipendente da S. Nicola di Casole, visitò la "cappella" nel settembre del 1884 e sotto la figura dell'Arcangelo Michele vi lesse questa iscrizione in greco: *ricordati, o Signore, del servo tuo Basilio, del suo padre e della sua madre, amen*. Già nell'Otto-

cento la cripta risultava in parte crollata. "L'interno è per metà crollato", scriveva il De Giorgi, "e convertito in deposito di canapa ed in ovile da pecore".

Le pareti della grotta dovevano essere completamente coperte di affreschi, il De Giorgi, sempre verso la fine dell'Ottocento, aveva individuato la figura di un *Santo Vescovo* e di un *San Timoteo*. La pianta di questa chiesa-cripta, per la parte ancora leggibile, presenta un Naos e un Bema separate da un iconostasi litoide a tre fornici. Il Bema si conclude in una parete a tre absidi separati da setti di pietra, degli altari non rimane nessuna traccia, ma probabilmente sono stati sommersi dal materiale di riporto. L'attuale stato di abbandono rende difficile la lettura del complesso rupestre di questa zona che aveva come punto di riferimento proprio la chiesa-cripta di S. Angelo. Il paesaggio cir-

111. Il territorio a sud di Otranto nella cartografia dell'I.G.M. della fine dell'800.

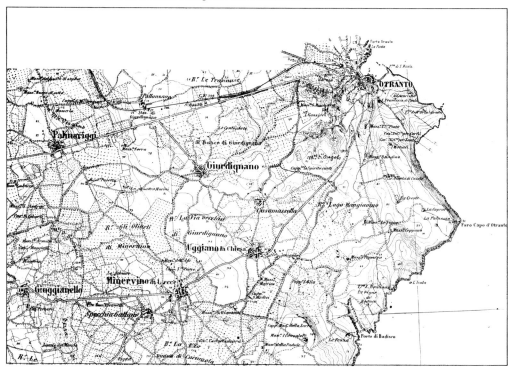

112. *Grotta di S. Giovanni.*

costante è caratterizzato da una ricca vegetazione spontanea dove si aprono piccoli appezzamenti di terreno coltivato. Recenti interventi edilizi e una sconsiderata attività di colmatura delle vallate con materiale di risulta sta però stravolgendo l'originario aspetto del sito.

Un altro insediamento rupestre molto interessante doveva essere quello ubicato alle porte di Otranto, verso Nord, nella parte terminale del tracciato della Via Traiana. I recenti interventi urbanistici hanno distrutto quasi completamente il complesso delle grotte, ma sulle pareti della roccia che fiancheggia la strada, spesso alle spalle di nuove abitazioni o inglobate in queste, si possono ancora individuare numerose cavità. Lungo il tracciato della vecchia strada che portava ai Laghi Limini, in località San Giovanni, che prende il nome dall'interessante ipogeo, detto appunto di San Giovanni, anche questo in parte distrutto, si possono ancora vedere tracce di numerosi aggrottamenti la cui destinazione, probabilmente, era

legata all'attività del porto di Otranto. Molte di queste grotte, di origine tardo-romana, venivano usate come deposito di merci.

Il complesso rupestre di S. Angelo si domina dalle alture di Monte Lauro Vecchio (61 m.s.l.m.) percorrendo la strada Otranto-Uggiano la Chiesa, poco prima del bivio per Casamassella, sulla destra.

Si propone però un itinerario alternativo seguendo, a piedi, il viottolo che costeggia il fiume Idro oppure facendosi indicare la strada per la Masseria S. Barbara, che sviluppa il suo tracciato sulla fiancata nord della vallata. Può essere, quest'ultimo, un itinerario naturalistico perchè attraversa, col suo andamento tortuoso, una campagna lussureggiante, punteggiata da villette e da case coloniche. Verso la fine della strada, proprio nei pressi della Masseria S. Barbara, ci attende però una sorpresa: un tratto di muro megalitico, con conci di calcare tenero sembra a prima vista un semplice muro di recinzione, ma se ci avviciniamo scorgeremo

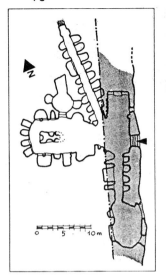

113. Grotta di S. Giovanni, pianta (da "Gli insediamenti rupestri medioevali nel Basso Salento").
114. Graffiti con navi e velieri.

115. Muro con graffiti nei pressi della masseria S. Barbara.

su quelle superfici rugose e coperte da licheni, una serie di graffiti raffiguranti velieri e navi di forme diverse. Siamo sul *Monte le Piccio-*niere, da queste alture il popolo otrantino probabilmente guardava terrorizzato le navi turche che assediavano la città nel 1480.

III. *Otranto-S. Nicola di Casole-Casamassella-Giurdignano-Centoporte-Otranto.*

Per raggiungere facilmente i ruderi dell'abbazia di San Nicola di Casole usciamo dall'abitato di Otranto e prendiamo la litoranea per S. Cesarea, al quarto chilometro circa, poco prima del radar e del complesso militare, facilmente individuabile, sulla destra, un breve e rettilineo viale alberato ci porta a S. Nicola di Casole. Non aspettiamoci di trovare un monumento o un edificio religioso, da secoli il toponimo del famoso cenobio basiliano è riferito ad un complesso masserizio che già nel 1744 risulta appartenere al *Venerabile Monastero di San Francesco de Paola sotto il titolo di S. Maria dè Martiri di Otranto.* Ma dal fabbricato della masseria emergono ancora maestosi i ruderi dell'importante insediamento monastico fondato nel 1099 da Boemondo principe di Taranto e di Antiochia. Di Casole hanno scritto molti studiosi italiani e stranieri, ma già il Galateo, nel '500, ne elogiava la grandiosa biblioteca, e il Galateo, probabilmente, cominciò a registrare la decadenza del monastero, che con l'assedio di Otranto del 1480 iniziava il suo declino.

Serviamoci della descrizione fatta dal De Giorgi verso la fine dell'Ottocento, per capire l'importanza di San Nicola di Casole. "La facciata della chiesa fu in parte rinnovata un paio di secoli addietro" (tra il '600 e il '700 molti edifici religiosi di epoca medievale furono trasformati ed adeguati al prevalente gusto ba-

116. *Abbazia di S. Nicola di Casole. Pianta dell'omonimo complesso masserizio.*

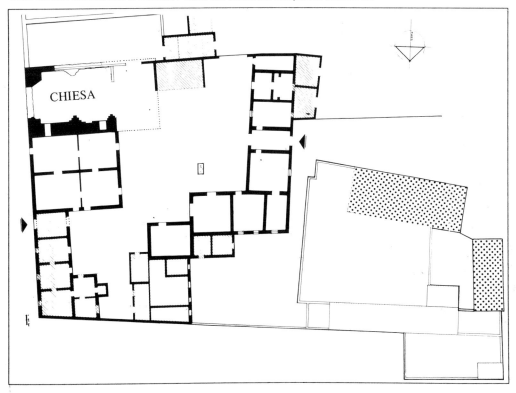

CHIESA

La presa di Otranto (Anonimo del '500).

A pagina precedente.
Torrepinta, interno dell'ipogeo (Foto F. De Vito, Martano).

117-119. Abbazia di S. Nicola di Casole. Ruderi della chiesa.
120. Abbazia di S. Nicola di Casole. Ruderi dell'antico insediamentio e recinti della masseria.

rocco, altari e arredi furono aggiunti in molte chiese romaniche e gotiche, ma il fenomeno si collega anche ad una diffusa evangelizzazione dell'habitat rurale che si concretizzò proprio nella realizzazione di numerose cappelle e chiese campestri in prossimità di masserie o sui resti di antichi casali), "l'interno", continua il De Giorgi, "è ad una nave divisa in due compartimenti trasversali con due piani diversi nel pavimento. Nel punto di divisione si vede un arco ogivale sovrapposto a due fasci di colonne alte ed esili che si sfioccano formando i cordoni della volta nel compartimento posteriore...

L'absida antica è stata anche trasformata in un semiesagono irregolare ed il vuoto di essa è occupato da un altare barocco del seicento. Di questo tempo è pure l'*Annunziata* dipinta a fresco nel fondo dell'absida... L'interno era tutto decorato di pitture di santi con iscrizioni greche sulle pareti. Oggi resta ancora un *S. Nicola* di grandi proporzioni, l'antico protettore dell'abbazia; ma ha perduto la faccia per scrostamenti dell'intonaco. Ai due lati vi sono due figure rappresentanti i due santi medici, *Cosimo* e *Damiano*, e quest'ultimo bellissimo e ben conservato nella sua integrità primitiva. Queste pitture si trovano nella parete volta a sud del primo compartimento. In quella volta a nord si vede un *S. Leonardo*, sotto il quale vi è l'effige votiva della divota che prega inginocchiata a piè del santo con le mani giunte. Il pittore ha voluto ricordare il nome di questa donna e l'anno del dipinto: *Sofia de Casamassella 1572...* Questa pittura", osserva il De Giorgi, "deve riferirsi senza dubbio ad uno dei tanti restauri subiti da questa chiesa dopo la partenza dei Basiliani e dopo la distruzione

121. *S. Nicola di Casole. I ruderi della chiesa visti del vano carraio della masseria.*
122. *Un tratto della vecchia strada acciottolata che da Uggiano portava a S. Nicola di Casole.*

operata dai Turchi nel 1480. Indi segue la pittura, non antica, rappresentante *S. Basilio*, il patrono dell'ordine: egli siede dinanzi ad un tavolo; ed è vestito di paramenti sacri alla greca, e sopra una cartella si legge: *S. Basili. ...*".
Il monastero di Casole esercitava la sua autorità e imponeva le sue regole su molti conventi basiliani di Terra d'Otranto e di altre province e sulle laure cenobitiche sparse su tutta la superficie dell'antica Calabria. Secondo il Diehl (1886) che aveva pubblicato un manoscritto greco del XII o XIII secolo, trovato nella Biblioteca della "R. Università di Torino", il Cenobio di Casole non era soltanto un centro religioso; "ma bensì un focolaio donde si irradiava la cultura intellettuale sugli altri conventi, e sugli istituti di istruzione".
Dopo aver ammirato gli svettanti fasci di co-

lonne incastonati nelle scheletriche murature invase da erbacce e circondate da attrezzi agricoli, diamo uno sguardo al complesso edilizio della masseria, tra le pietre che formano i muri di recinzione degli ovili, nell'atrio della masseria, nei cortili non è difficile imbattersi in qualche concio di pietra scorniciato: sono i miseri resti dell'importante complesso religioso. Usciamo dal cortile della masseria e portiamoci sullo spiazzo che guarda verso Uggiano la Chiesa. La sorpresa è proprio qui: uno stradone rettilineo lungo quasi un chilometro scende ripido verso la vallata portandosi dai 90 metri circa sul l.d.m., che è il pianoro dove sorge San Nicola, fino a 70 metri. È un tratto dell'antica strada che da Uggiano la Chiesa portava a San Nicola di Casole, una strada completamente lastricata, che nel tratto finale si è conservata perfettamente. Possiamo dire che ci troviamo di fronte ad una delle testimonianze più significative dell'organizzazione del territorio di epoca medievale. Su quella strada, che certamente portava anche a Otranto (il collegamento attuale, quello litoraneo, risale ad epoca recente) hanno transitato monaci colti e più modesti abitanti dell'importante centro religioso, da quella strada è passato probabilmente il prete Pantaleone per recarsi ad Otranto e realizzare tra il 1163 e il 1165 gli splendidi mosaici della Cattedrale.

Noi percorriamola consapevoli di transitare su uno dei tratti più significativi di questo paesaggio culturale che circonda la città di Otranto. Scesi a valle ci troviamo su un incrocio di strade campestri, svoltiamo a destra e dirigiamoci verso Otranto, la strada non è asfaltata, ma è facilmente percorribile con l'auto. Una deviazione a sinistra, ci condurrà, dopo qualche centinaio di metri, alla Masseria Montelauro, ci passiamo davanti, ma prima di immetterci sulla S.S. 173 delle Terme Salentine che collega Otranto con Uggiano la Chiesa, sulla sinistra, al centro di un rigoglioso uliveto, possiamo ammirare una interessante costruzione trulliforme realizzata, fatto piuttosto singolare, in conci squadrati da un certo Vito Paolo di Martano che sull'architrave della porta ha voluto lasciare il nome e la data 1903.

Erano veramente bravi questi maestri "truddhari" provenienti da Martano esperti nel realizzare monumentali costruzioni trulliformi in pietra a secco.

Giunti sulla Statale 173, siamo sull'incrocio per Casamassella, una piccola frazione di Uggiano. Giunti in piazza ci troviamo di fronte l'elegante palazzo baronale che fu della nobile famiglia De Marco, feudatari di Lequile, di S. Cassiano, di Morcone e di Vaste.

123. Monumentale costruzione trulliforme con conci squadrati.

124. Casamassella. Castello baronale.

Da Casamassella possiamo dirigerci ad Uggiano la Chiesa o procedere direttamente per Giurdignano e seguire l'itinerario consigliato. Se decidiamo di fare la deviazione per Uggiano non facciamoci sfuggire l'occasione per visitare la cinquecentesca chiesa di S. Antonio, con la singolare facciata culminante in un campanile biforo; la chiesa parrocchiale, edificata nel 1775, dove possiamo ammirare la bella tela di Donato Antonio d'Orlando (1597) raffigurante la *Madonna del Rosario* e le pitture di Oronzo Tiso (sec. XVIII) che decorano la retrofacciata. Nel coro della stessa chiesa possiamo invece ammirare un bellissimo intarsio in legno di noce, opera di Raffaele Monteanni di Lequile. Nei dintorni di Uggiano, soprattutto lungo la strada che portava a *Porto Badisco* e al *Casale di S. Emiliano*, denominata la *Via*

dei Pomari per la fertilità dei terreni che attraversa, possiamo trovare numerose testimonianze dell'arte medievale, come i ruderi della *Chiesa-Cripta di S. Elena*, che il De Giorgi così descriveva: "La grotta è preceduta da una cappella edificata qualche secolo fa, è già rovinata e smantellata; qui nulla di notevole. Dal fondo di questa si penetra nella cripta scavata nel sabbione tufaceo... È larga 7 metri e lunga m. 5.50. Otto pilastri; dei quali quattro isolati e disposti in quadrato sostengono la volta pianeggiante. Si hanno in tal modo tre navi. In fondo a quella mediana si vede un'absida e dinnanzi a questa l'antica mensa dell'altare, di forma rettangolare e distaccata dall'absida. In fondo alle due laterali, in luogo di absidi, si vedono due piccole nicchie scavate nel tufo. ... Le pareti erano tutte coperte di intonaco e

dipinte a fresco con santi greci", aggiunge il De Giorgi, "il vandalismo dei pecoraj, dei cacciatori e dei curiosi ha oggi tutto distrutto. Fu a stento se potei indovinare i due dipinti a canto all'absida. Quello, a destra, rappresentante la Vergine col Putto; l'altro, a sinistra, S. Solomo. Lo stile delle pitture è quello delle cripte di Terra d'Otranto fra il XII e il XIV". Altre grotte si possono incontrare in aperta campagna, in località *Torre Mozza,* sullo spartifeudo Uggiano-Otranto, e in località *Il Casino.*
Nella immediata periferia di Uggiano, sul sito dell'antico feudo di Madrico, dove nel '700 "commorava il S. Barone D. Nicolò Gualtieri

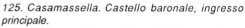

125. Casamassella. Castello baronale, ingresso principale.
126. Uggiano la Chiesa. Cripta di S. Solomo. Interno, particolare dell'iconostasi.
127. Cripta di S. Solomo. Affresco di S. Solomo.

patrizio", possiamo ammirare la bella dimora palazziata con l'attigua cappella settencetesca e l'elegante pozzo del giardino.
Riprendiamo il nostro itinerario e dirigiamoci verso Giurdignano, possiamo evitare di ripas-

130

13?

128. *Uggiano la Chiesa. Residenza baronale dei Gualtieri.*
129. *Stemma della famiglia Gualtieri.*
130-132. *Residenza baronale dei Gualtieri, formelle con ritratti.*
133. *Residenza baronale dei Gualtieri. Pozzo del giardino.*
134. *Giurdignano. Menhir alla periferia del paese.*
135. *Giurdignano. Cripta di S. Salvatore.*

sare da Casamassella. Giunti a Giurdignano facciamoci indicare la strada per la *Centoporte*, che è poi la strada più breve per tornare verso Otranto. All'uscita del paese, lo troviamo pure segnalato, svettante su uno sperone di roccia, salvato dallo scempio urbanistico circostante, troviamo uno dei tanti *menhir* che interessavano il territorio di Giurdignano, qui la presenza dell'uomo risale a tempi remoti.
Superato il *Menhir* procediamo verso Otranto, prima di imboccare la Statale 16 Maglie-

Otranto, su una lieve ondulazione del terreno scorgiamo subito i resti della *Centoporte* o *Cento caselle*. "Oggi veramente di porte non ne è restata neppur una" scriveva il De Giorgi già nel 1880 "ma solo alcune reliquie di fabbrica dalle quali l'ingegnere Giovanni Bodio ne ha preso le misure e ne ha tentato una ricostruzione".

L'antica chiesa, costruita probabilmente tra l'XI e il XII secolo, dipendeva dalla coeva abbazia di S. Nicola di Casole ed era ubicata sulla strada Giurdignano *lago di Limini*, una strada dove durante il medioevo sorgevano numerosi casali, i cui toponimi li ritroviamo nelle omonime masserie di epoca moderna.

La "basilica" delle *Centoporte* aveva una pianta basilicale a tre navate divise da dieci pilastri, senza transetto e con una sola abside in fondo alla navata centrale ed era preceduta da un vestibolo o pronao rettangolare. L'edificio misurava le seguenti dimensioni: lunghezza dall'esterno del vestibolo sino all'estradosso dell'abside metri 31,84. Lunghezza del vestibolo m. 17,02, larghezza m. 5,47. Lunghezza delle tre navate m. 21,52, larghezza della navata centrale m. 6,90, larghezza delle navate laterali m. 3,83 e m. 3,74. Altezza dei muri della navata centrale m. 8,80; altezza dei muri delle navate laterali m. 3,50. La porta principale era larga m. 2,18.

Secondo la descrizione fatta dal De Giorgi "il presbiterio era collocato nella nave mediana dinanzi all'altare maggiore; ed un muricciolo chiudeva il coro e gli amboni. Le pareti erano intonacate e dipinte a fresco, come nella chiesa di S. Nicola di Casole. La facciata terminava in alto a frontone ed una finestra trifora illuminava la nave mediana e le dodici finestre aperte dei muri laterali della stessa nave sopra gli archi sorretti dai pilastri. Il tetto era a due pioventi, come nella chiesa di S. Maria di Cerrate, coperto di tegole sorrette da una travatura in legname: le navi laterali aveano una sola falda. Dalla facciata sotto la finestra trifora poi scendeva un'altra tettoja

136. Giurdignano. La Centoporte. Pianta (1880).

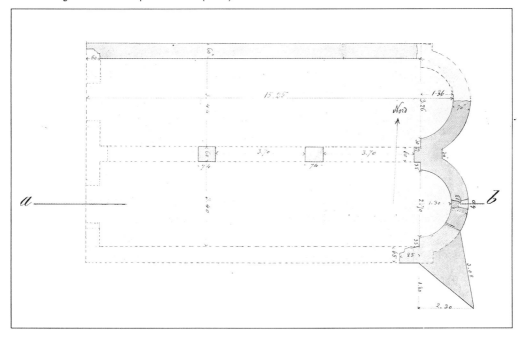

137-138. La Centoporte. Ruderi.
139. La Centoporte (da una foto del 1912).

inclinata che copriva il vestibolo.
Tre porte mettevano dal pronao nell'interno del tempio, una per ciascuna nave e tre finestre erano aperte nella parete semicilindrica dell'abside. Un'altra porta metteva in comunicazione la nave sinistra con una stanza che forse faceva parte del cenobio basiliano".
Oggi guardando quei ruderi non possiamo fare altro che immaginarci un ricco territorio, con campagne rigogliose e con attivissime comunità rurali che sul tracciato di importanti arterie avevano sistemato i loro insediamenti. Di quella campagna e di quella fertilità, degli al-

beri e delle piante che caratterizzavano il territorio salentino in età medievale possiamo scorgere i segni nei brandelli di terreno macchioso e nelle fitte siepi che hanno messo al riparo le loro radici tra le pietre che formano i muretti di confinazione delle unità agrofondiarie o lungo i margini delle strade campestri. Qui anche le colture fanno cultura e la campagna rappresenta l'ambiente adatto per un turismo culturale.
Usciti sulla Statale N. 16 dirigiamoci verso Maglie. Dopo appena un chilometro troviamo l'indicazione "Stazione di Giurdignano", svol-

tiamo a destra e siamo già sul sito dell'antico casale di Palanzano. Dell'importante insediamento, facente parte del tessuto poleografico di epoca medievale, restano soltanto i ruderi, ma l'antichità dei luoghi possiamo individuarla nella stessa disposizione delle pietre che formano i muri di cinta dei giardini e dei cortili. Murature a corsi orizzontali con pietrame informe frammisto a terra rossa formano anche i muri dei fabbricati inglobati nelle strutture delle più recenti masserie.

Abbandoni e ripopolamenti, in quest'area del Salento, sono stati frequenti, più che altrove. La posizione geografica e il pericolo continuo della pirateria turca, la presenza di paludi e poi l'asfissiante potere feudale sono stati i fattori che più di tutti hanno scoraggiato la permanenza stabile sulla campagna.

Dal casale medievale, ma anche dall'insedia-

140. Motivi settecenteschi tra i muri del complesso masserizio di Palanzano.
141. Masseria Piccinna, nei pressi dei Laghi Limini.

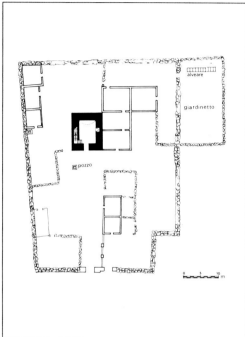

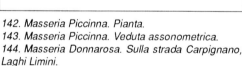

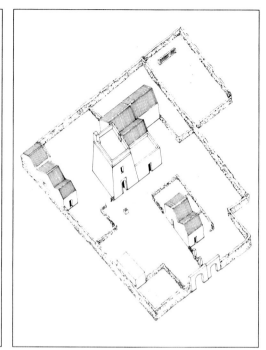

142. *Masseria Piccinna. Pianta.*
143. *Masseria Piccinna. Veduta assonometrica.*
144. *Masseria Donnarosa. Sulla strada Carpignano, Laghi Limini.*

145. *Masseria Donnarosa. L'edificio turriforme.*
146. *Masseria Fagà. Sulla strada Martano-Otranto.*

mento di epoca romana, i tentativi di ricostruzione dell'habitat rurale, in questa estrema regione del Salento sono stati numerosi. Sui resti del casale si organizzò, intorno al XVI secolo, l'insediamento a masserie, strutture edilizie povere, dominate per la maggior parte da un elemento turriforme atto alla difesa e all'avvistamento del nemico. Nacquero così le *masserie fortificate* che ancora oggi caratterizzano il paesaggio rurale del Salento. La Masseria Cippano, a sud di Otranto, il Casino dei Turchi e la Masseria dei Turchi, sulla strada per gli Alimini, la Masseria Piccinna e la Masseria Donnarosa, poste sulle alture che circondano il Lago Limini e Fontanelle, la Masseria Fagà, sulla strada Martano Otranto, sono la testimonianza di quella precarietà, ma anche di quella necessità del vivere sui campi in un pe-

riodo in cui l'economia agricola di Terra d'Otranto era il settore trainante di tutta l'economia del Mezzogiorno.

Tra i ruderi di un casale fu sufficiente costruire un edificio turriforme, dove in caso di pericolo potevano mettersi in salvo i pochi abitanti della masseria, e la torre diventò il motivo dominante dell'insediamento. Nel Catasto onciario di Otranto del 1744 troviamo riportate oltre 20 masserie provviste di torre di difesa. La nobiltà terriera dell'Otrantino impegnò molti capitali in queste strutture dell'habitat rurale, ma forse ne valeva la pena, perchè da quelle terre e dal sacrificio di contadini operosi si riusciva a trarre buoni profitti. Unità fondiarie non molto estese, spesso di qualche centinaio di tomoli, erano sufficienti per un redditizio allevamento degli ovini. Non mancavano i semi-

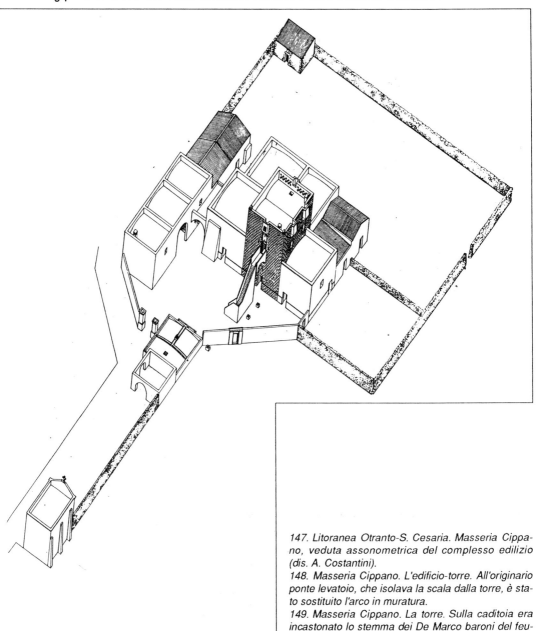

147. *Litoranea Otranto-S. Cesaria. Masseria Cippa-no, veduta assonometrica del complesso edilizio (dis. A. Costantini).*

148. *Masseria Cippano. L'edificio-torre. All'originario ponte levatoio, che isolava la scala dalla torre, è sta-to sostituito l'arco in muratura.*

149. *Masseria Cippano. La torre. Sulla caditoia era incastonato lo stemma dei De Marco baroni del feu-do di Casamassella.*

150. *Masseria Cippano. Il vano a primo piano con la botola per raggiungere (con scala a pioli) il terrazzo.*

148

149

150

151. Masseria Specchiulla. L'edificio-torre.

nativi e gli oliveti, ma in un territorio così fertile, quasi privilegiato, dove la natura è stata meno avara, non mancavano i giardini, *pometi*, e i vigneti. La vicina città di Otranto era punto di riferimento, almeno fino al '500, anche per il commercio dei prodotti agricoli. Dopo il Cinquecento, la crisi, ma nel '700, come testimoniano le date riportate sui muri, i motivi decorativi e gli stemmi delle nobili famiglie otrantine conservati sui portali delle masserie, si registrò un nuovo tentativo di ripresa. I segni di questi tentativi e di questa ripresa li possiamo cogliere proprio nei fabbricati delle masserie ubicate sul sito di Palanzano, ma se scendiamo verso i laghi Limini lo stesso fenomeno possiamo registrarlo nei pressi dei casa-

le di Anfiano, di Stigliano, di Ruggiano, anche questi testimonianza tangibile di quell'ampio processo di bonifica del campi e di riorganizzazione del territorio voluto dai bizantini e dalle tante comunità monastiche che intorno ad Otranto avevano sistemato la loro dimora.
Aver proposto degli itinerari in ambiente rurale, significa, in ultima analisi, riappropriarsi della cultura del territorio, dove i segni della storia si sono cristallizzati proprio a causa di una atavica indifferenza nei confronti della campagna, di quella campagna che per secoli ha fatto la fortuna della nobiltà laica o ecclesiastica.

ANTONIO COSTANTINI

La spiaggia di Otranto (Foto F. De Vito, Martano).

A pagina successiva.
Otranto dalla valle dell'Idro (Foto F. De Vito, Martano).
Mura e Torre campanaria (Foto F. De Vito, Martano).

Otranto dal mare
Otranto dalla costa

"Otranto? Non tutti coloro che sono *ex abrupto* messi a confronto con questo nome saranno immediatamente in grado di localizzarlo su una carta geografica dell'Italia".
Così nel 1980 Carl Arnold Willemsen si esprimeva introducendo il suo "L'enigma di Otranto" (Congedo Editore), opera insuperata sul grande mosaico pavimentale della Cattedrale. Oggi la realtà otrantina è ben diversa da quella di dodici anni fa. I grandi sforzi compiuti in questi anni nel settore alberghiero, turistico e culturale ormai collocano Otranto tra i primissimi posti in un'immaginaria *hit parade* del turismo nazionale. Indicativa la citazione di Italo Calvino in un'altra guida di Otranto:

"D'una città non godi le sette o le settantasette meraviglie, ma la risposta che dà ad una tua domanda". E di risposte Otranto, in questi ultimi tempi, ne ha date parecchie. La più attesa, e di particolare importanza, finalmente il restauro dei mosaici di Otranto. "Una operazione di grande valenza culturale il cui merito va alla Soprintendenza ai beni ambientali, artistici e storici di Puglia, alla Direzione generale del Ministero per i beni culturali ed all'arcivescovo di Otranto Mons. V. Franco che in tutti questi anni ha dedicato ogni energia per assicurare ai lavori continuità e finanziamenti".
Perchè si viene ad Otranto?
Molti sono attratti dalla storia dei Martiri sacrificati alle scimitarre turche. Altri dalle emergenze storico-artistiche di uno "dei pochissimi Centri Storici realmente interessanti esistenti nel pur vastissimo litorale pugliese". Altri ancora sono interessati al territorio di

152. Veduta aerea dell'abitato e del porto (anni '30).

Otranto, alla viabilità antica, i casali scomparsi, le masserie, i trulli, il "paesaggio della pietra". Una folta schiera, poi, sente "la necessità biopsichica di un mare pulito e di una *finestra sul porto*, poi l'amore per la mitologia greca, la poco nota Japigia, i dolmen, i menhir, i Messapi; infine la sofferta umanità della generosa gente del profondo sud". Ora, pur non proponendo "il semplicistico slogan del mare" e resistendo al "mitico richiamo dell'antico sapiente sole", non bisogna rifiutare il concetto che Otranto *è una città di mare e di sole* e da esso non possiamo prescindere. Otranto si caratterizza per il suo esteso contatto con il mare, per il clima mediterraneo, per il verde mediterraneo. È questa una domanda ben precisa alla quale bisogna rispondere. Proponiamo, quindi, due itinerari: *Otranto dal mare* e *Otranto dalla costa*. Il primo in barca, sarà un tuffo nel mare di Otranto, nella magia dei paesaggi costieri, delle baie, delle grotte, delle antiche torri. Il secondo, in macchina e in escursioni a piedi ci consentirà un diretto contatto con la natura, le pinete, i laghi, la macchia mediterranea a ridosso delle spiagge e nell'immediato entroterra.

153. Bastioni dei pelasgi.

1° ITINERARIO

Dalla *Riviera degli Haethey*, forse i più antichi abitatori di Otranto provenienti dai Balcani, scendiamo con difficoltà una disagevole scaletta, ricavata nello scoglio *Picciorillo*, utilizzando saldamente una cima come passamano. La barca in legno ci accoglie con il suo nome sbarazzino "Virgola". Partendo prendiamo il largo dallo scoglio detto *Cucumu* dal quale pettoruti giovanotti si arrischiano in spericolati tuffi, pur di attirare l'attenzione delle noncuranti e avvenenti Idruse stese al sole su un vicino tratto di costa che a Otranto chiamano *Fasciu*. L'acqua è di un verde intenso, la scogliera alta 2-3 metri e, ancora più in alto un cadente fortino sembra attirare l'attenzione sul misero destino toccatogli. Sulla sinistra il *Faro della Punta* collegato alla scogliera da un ponte a nove arcate. In direzione nord, la prima spiaggia che troviamo è *Porto Cràulo* (corvo) sino alla Plancia Hotel, con alcuni scogli levigati, riparato da scirocco da alcune dune e scarsamente protetto da tramontana da due bassi scogli al centro. È un luogo adatto alla pesca delle salpe. Più avanti la *Castellana*

I Itinerario

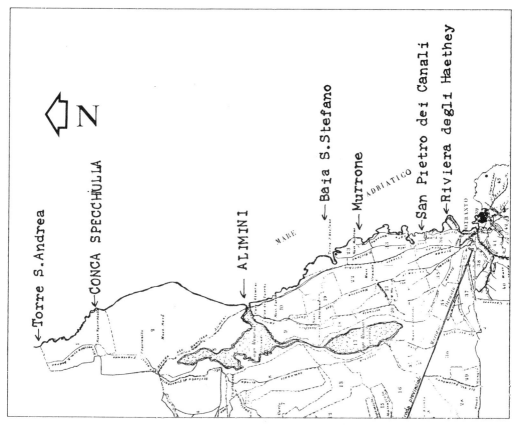

o *Rocamatura* (roccia molle, tenera). Sembra che Idrusa, l'eroina di Otranto, avesse l'abitudine di stendersi fra le sabbie di Rocamatura "a pochi metri dalle onde, e guardar camminare la sorte fra i cespugli di finocchio selvatico", tra l'altro presente nelle vicinanze del pulitissimo arenile del Nike Club circondato da canne, alberi di fico e due cachi centenari. La spiaggetta della baia successiva la *Staffa* è molto frequentata da bagnanti e vi si accede da due scalette poste ai lati. Il mare da bluscuro cambia in verde chiaro e si frange sullo scoglio, posto a destra, separato dalla scogliera da un piccolo istmo. Si arriva al mare da tante scalette, passaggi e approdi scavati nella roccia. La spiaggetta è riparata da tamerici incuranti dei venti carichi di salsedine e sette agape americane con le loro foglie carnose ed appuntite (unghie "te li diavuli"), sembrano montare la guardia all'insenatura. Più lunga,

circa 100mt., la successiva insenatura detta *Canale del Càfaro*. A sinistra, tra grotte e anfratti, una tortuosa scaletta consente una passeggiata, piedi in acqua, su un tratto di bassa scogliera che diventa alta sino alla spiaggetta di ciotoli, difficilmente raggiungibile da terra. La presenza di scogli e di alghe sott'acqua, dà al mare un colore verde-cupo. L'acqua più fredda verso la spiaggetta testimonia la presenza di una sorgente e uno strettissimo sentiero intorno al "canalone" taglia quasi una folta vegetazione di canne, fichi selvatici, lentisco, felci.
Rientranze e sporgenze caratterizzano questo tratto di scogliera: tante baie, grotte, cale dai nomi anche abbastanza strani come l'insenatura *Cattapìgnula* (pipistrello). A destra una grotta abitata da pipistrelli si può visitare, con difficoltà, via mare da un passaggio largo appena due metri. Un grande slargo a sinistra

154. *Riviera degli Haethey.*
155. *Porto Cràulo e Rocamatura.*
156. *Canale del Càfaro e l'insenatura Cattapignula.*

157. Grotta Monaca.

sulla scogliera consente il parcheggio delle auto. È numerosa quindi la presenza di bagnanti che hanno un solo modo per entrare in mare: tuffarsi. Chi visita da terra la Cattapìgnula, faccia attenzione ad un inghiottitoio incustodito, comunicante con il mare di una grotta che chiude la piccola insenatura. San Pietro dei Canali è il nome di un'altra baia poco distante. L'imboccatura di circa 20 mt. si allarga all'interno formando quasi un grande bacino riparato da scirocco e ponente, ma sferzato dai venti di tramontana. L'alta scogliera, 10-12 mt., invita alla prova i tuffatori più abili. Vi si può accedere da una scaletta a destra. La scogliera che chiude la baia è ricoperta da un'intricata e inaccessibile vegetazione di canne, pini, acacie, felci e tamerici. A sinistra la masseria Cerra, isolata sul panorama costiero, dà il nome a tutte la zona circostante.

Uscendo dalla baia scorgiamo due grosse meduse dal corpo gelatinoso e trasparente che evitiamo di toccare per i noti effetti urticanti. La loro presenza, però, è confortante come ci spiega Renato, il marinaio al timone della barca. Le meduse infatti sono un chiaro segnale ecologico e confermano ulteriormente la pulizia del mare e l'assenza di inquinamento. Certo non bisogna "dormire sugli allori" come giustamente ammoniscono i tecnici dell'equipe Gazzettamare che ogni anno effettuano il monitoraggio del mare e dell'ambiente marino. La costa di Otranto è eccellente rispetto ad altre zone della Puglia e "le condizioni del mare si sono assestate su un livello di balneabilità ottimale". Insomma un mare da bere, o quasi. Dopo appena 50 mt., ecco un'altra piccola e deliziosa insenatura la Grotta Monaca cosiddetta, forse, perchè vi si riparava la foca monaca. Questo mammifero è ormai rarissimo in tutto il Mediterraneo, e molto hanno contribuito i massacri delle foche la cui pelle era molto ricercata per la confezione di stivali! Anni addietro alcuni sub tedeschi hanno ispezionato il cunicolo della grotta che sembra scendere nelle viscere della terra per più di 200 mt. Via terra, uno stretto e angusto passaggio, consente l'accesso alla grotta, ma non è consigliato per la presenza di qualche pipistrello.

L'azzurro mare ci riporta al presente e il corpo sottile e guizzante di un'aguglia che ha abboccato all'amo ricorda a tutti noi che, dalla Staffa alla Grotta Monaca, si possono pescare occhiate e salpe con esca viva di pulci marine; i cefali col pane impastato con ricotta acida "schiante" e la spigola da novembre a febbraio con esca finta "rapala".

Dalla Grotta Monaca in poi appare ai nostri occhi un panorama incredibile per bellezza e colori. *Sapunerò, Mulino d'acqua* e *Imperia o Imperiali* i nomi che la tradizione popolare ha dato a questi luoghi. L'acqua è un arcobaleno di colori: prima chiara, poi verde e poi blu-intenso verso il largo e la sabbia trasforma in ri-

158-159. Vedute della costa a nord di Otranto.

flessi dorati il movimento delle onde. La scogliera è alta, a strapiombo sul mare, e se non
fosse per il suo caratteristico colore ocra, sem-
brerebbe di stare in Inghilterra di fronte alle
bianche scogliere di Dover. Il mare è inaccessibile dalle scogliere salvo qualche pericoloso
sentiero conosciuto solo dai pescatori. In alto,
unico riparo, qualche muretto a secco, alcuni
cespugli di macchia mediterranea e la propria
prudenza. Al *Sapunerò*, uno spuntone al centro alto 14-15 mt. divide la costa in due cale: a
destra la *Grotta dell'Eremita* nella quale non
possiamo entrare per la presenza di scogli affioranti e a sinistra, in alto, un invisibile ru-
scello segnalato da un canneto. Costeggiando
un isolotto a sinistra, giungiamo alla piccola
spiaggia del Mulino d'acqua. Via terra si arriva
attraverso un tunnel scavato nella roccia, poi
una passerella ed ancora un altro tunnel. Anche qui le canne con l'immancabile fonte d'ac-

qua. All'Imperia entriamo in barca e con cau-
tela nella quarta grotta posta a destra, sulle cui
pareti seguiamo i giochi delle onde e i riverbe-
ri della luce del sole che prepotente entra dal
grande foro della volta crollata. In questo tratto di costa saporiti sono i ricci, ma i pescatori
che vediamo sono intenti ad un'altra pesca,
quella dell'*ardica* (ortica marina = lat. urtica x
ardere) molto gustosa impanata e fritta. È veramente appropriato il nome che gli Otrantini
danno a questa scogliera così tagliata di netto,
Lu taiu te l'Ampera (il taglio dell'Imperia),
come è indicativo *Le grutte te le ciole*, i nidi
delle gazze posti in alto. Giungiamo al *Murru-
ne*, un alto costone che prende il nome dall'o-
monima vicina masseria Morrone. Questo scoglio sembra il preferito delle occhiate quando
il mare è di levante ed è tutto un ribollire di
schiuma.
Una torre costiera diruta non segnala più il pe-

160-161. *Grotta dell'Eremita e il Mulino d'acqua.*
162. *Pesca dell'ardica.*

163. Torre costiera di S. Stefano.

ricolo dei pirati e dei turchi, ma avverte noi che siamo arrivati alla *Baia di S. Stefano*, sede del Club Mediterranee. La torre venne costruita per 100 ducati, a partire dal 1567, dal maestro Paduano Baxi di Lecce. Lupo Antonio de Luca e Stefano Serafino, "cavallari" nella custodia della cala di S. Stefano, il 1567 ricavano 20 ducati ciascuno per il servizio di vigilanza prestato da aprile ad agosto. Aveva in dotazione 100 palle di ferro. Le torri erano costruite secondo progetti, disegni e agli ordini del "magnifico Giovan Thomaso Scala regio ingegniero". La calce doveva essere di buona qualità e "che sia impastata con acqua dolce et non salata". Le torri erano munite di "cisterne puzzi e purgatori... drento la grossezza del muro di detta torre". A sinistra una grande grotta chiude l'insenatura della *Caréula* i cui lati sono uniti da un ponte. Altri pontili e scalette rendono più praticabili gli scogli di S.

Stefano, che ci invita a rinfrescarci alla solita sorgente della spiaggia. Alle spalle dell'insenatura inizia un'area boschiva, con pinete e macchia mediterranea, vero polmone di verde salutare, che ricopre una vasta zona costiera da S. Stefano sino a S. Andrea.

La costa degrada sino alle spiaggette di *Porticeddhi* e subito dopo attracchiamo e scendiamo per una escursione nel verde della natura e poi per la visita alla successiva minuscola baia di *Toraiello*. Da Porticeddhi entriamo nella pineta, svoltiamo a destra in un sentiero che ci appare come una galleria; poi il sentiero si restringe. Ci sfiorano il lentisco ("restinco"), il mirto e arbusti di tamerice; lo sapevate che dai frutti del lentisco e del mirto si ricava un ottimo olio per lampade? Il profumo è intenso per la presenza dell'aromatico timo ("tumu"). Scorgiamo alberetti di corbezzolo ("rusciulu") che amano il caldo e la luce e ben si adattano nelle zone retrodunali. La mitologia greca rammenta che "è con una bacchetta di Corbezzolo che la dea Cardea, sorella di Apollo, montava di guardia alle porte, allontanava le streghe e guariva i bambini malati o stregati". E poi oleastri e la quercia spinosa che in Puglia si trova limitatamente nel Salento e nelle Murge, ma che in Italia è una specie molto rara. In questa macchia sono presenti alcuni arbusti, i cui rametti ricurvi e molto resistenti vengono utilizzati come terminale della canna da pesca e viene chiamato "cimino". All'improvviso l'aria salmastra ci riporta al mare della piccola baia di Toraiello. Dalla costa è impossibile scendere al mare se non con corde o scalette metalliche. Per chi vuol dipingere l'arcobaleno non è necessario attendere la fine del temporale. Troverà nel taglio di questa costa tutti i colori dello spettro solare: il verde della macchia mediterranea, il rosso ("volu") del sentiero battuto, l'ocra della roccia, il marrone di una sottile striscia di terra, il bianco del pietrisco, il giallo della sabbia e il blue del mare. Davanti a noi la *Baia o Fossa dei Turchi*. È un ulteriore richiamo al sacco di Otranto del 1480. I Turchi, anche se ormai lontani, ad Otranto li troverai ad ogni angolo e in tutte le salse: al Moro, alla Baia dei Turchi, all'Achmet Pascià, a Nostra Signora dei Turchi, al Casino dei Turchi, alla Torre Saracena e via dicendo. "Questo lembo di terra è stato teatro di scontri feroci tra l'Occidente e l'Oriente, baluardo del Cristianesimo contro gli infedeli". E il terrore seminato dai Turchi si è sedimentato, nella memoria collettiva di tutto il Salento, in tanti modi di dire, proverbi, motti, esclamazioni: "Mamma li Turchi", "Mancu li Turchi", "Sedersi alla Turca o alla Turchesca", "Statte "ncortu, ca li turchi te ne portano pe llu mare", "O Turcu pija Marcu (Venezia) o Marcu pija Turcu", "Sangue Otrantino, saporito menta e petrosino, sangue forte e fino, contro

164. Tratto di costa alta nella baia di Toraiello.

165. Litografia ottocentesca dei martiri di Otranto.
166-169. Aspetti della costa nei pressi degli Alimini.

il Turco malandrino". Questa l'eredità dei Turchi. E quell'altra, molto più grande, che le popolazioni otrantine "inermi e inconsapevoli degli intrecci e interessi ben più grandi" hanno voluto lasciarci, nel sacrificio, di una fede incrollabile.

Dalla Baia dei Turchi sino alla Turre, lunga ed arcuata, appare la spiaggia degli *Alimini*, uno degli arenili più belli e puliti d'Italia. La folta pineta e la macchia mediterranea che arrivano fino al mare, sembrano quasi ammantare e proteggere le dune sabbiose esposte a tutti i venti dell'Adriatico che, anni fa, non risparmiarono il naufragio alla nave greca "Dimitrios", che scorgiamo da lontano e che fa bella mostra di sè (si fa per dire) in tutte le cartoline d'Otranto. Navighiamo il lungo tratto di mare

170. La "Turre" che delimita a nord l'arenile degli Alimini.
171. Conca Specchiulla.

di fronte alla spiaggia. Migliaia di bagnanti affollano Lido dei Pini, la spiaggia dell'Aeronautica, il Villaggio Serra degli Alimini, il Villaggio Valtur. Decine di windsurf giocano con le onde. Da lontano scorgiamo il ponte dei laghi Alimini. I pescatori dal mare, non appena intravedono le arcate del ponte, che chiamano *Le ucche te la Limini* (le bocche degli Alimini), lanciano le loro reti a tramaglio per la pesca di scorfani, triglie, dentici. Il fondale bluescuro, profondo 10-15 mt., è algoso ed è detto "pinnitu". Con le reti volanti si possono pescare occhiate e con le "calamariere" i calamari. E infine per la pesca del sarago ci avviciniamo ai fondali bassi detti "Le chianche della Turre", posti proprio di fronte alla diruta *Turre* (torre) che delimita a nord il lunghissimo arenile.
Dopo la Turre la marina di Frassanito con l'o-

monimo campeggio. Da questo tratto in poi, la costa sale dolcemente e diventa sempre più alta e ricoperta da una bellissima pineta. Il fascino delle marine ci invita a virare e dirigiamo la prua verso *Conca Specchiulla*, superiamo i piccoli scogli vicino la spiaggia *S. Giorgio*, poi un'altra baia detta *La Pastiddhuzza* (si scende con una scaletta), la grotta della *Funtaneddha* (sorgente di acqua dolce); dopo la punta *Punticeddha* che chiude l'arco, un'altra baia con scogliera a picco sul mare. Numerosi gli anfratti, piccole grotte, la più grande delle quali è detta del *Macaru* (mago). Il mare è irraggiugibile dall'alto. Vi si può arrivare solo dal lato destro, dove la costa improvvisamente si abbassa. Da qui possiamo nuotare verso una microscopica spiaggetta posta a nord della baia. La scogliera è di un giallo-ocra abbagliante.

Giungiamo a *Torre S. Andrea*, meta finale della visita in barca. La costa, tagliata di netto, è ricoperta da un sottile manto erboso. Uno scoglio detto *'Mbrufico* (forse per la presenza di un fico selvatico) guarda divertito alcuni pescatori di canna intenti alla pastura. Subito dopo un altro scoglio il *Tafaluro*, trampolino di lancio per i tuffatori, ed ecco davanti a noi la piccola e calma insenatura di S. Andrea. Questa marina ha lo strano destino di avere due padroni: la parte destra della spiaggia e della scogliera compreso il faro posto in alto appartengono a Melendugno; la parte sinistra, inve-

172-175. Conca Specchiulla.

176. Lo scoglio Tafaluro e il porticciolo di S. Andrea.

ce, al territorio di Otranto e il mare al centro a fare da spartifeudo. Per cui non si sa mai in quale mare ci si è fatti il bagno, in quello di Otranto o in quello di Melendugno. Non che sia importante; lo diciamo solo per scherzarci su, perchè comunque il mare, da un sponda all'altra, è ugualmente di un intenso verde smeraldo, tanto verde che la baia è detta "Sciardinieddhu" (giardinetto). Per la particolarità del fondale, il pescato di S. Andrea è molto gustoso. Adalgisa Russo, che da sempre villeggia qui, ci fa assaggiare gli *scrasciacani*, punte carnose di arbusti, saporitissime sottoaceto, e aggiunge che un tempo cresceva, nelle vicinanze della costa, la china selvatica, una pianta officinale che, bollita, recava conforto ai reni e al fegato. Una bella pineta, in alto a sinistra, invoglia alle escursioni. Anche su S. Andrea vigilava una torre costiera, distrutta, costruita nel 1567 dal maestro Vittorio Renzo di

Lecce. Il sindaco di Borgagne Andrea de Jacobo, il 1578, arma la torre con un "mezzo falconetto" (il più piccolo pezzo di artiglieria del genere colubrina).

Ritorniamo a Otranto in macchina (12 Km.). Dopo un viale alberato svoltiamo a sinistra. Lungo tutta la via, troveremo molte bancarelle che mettono in bella mostra e in vendita i genuini prodotti della campagna otrantina. È un invito da non tralasciare. All'altezza di Frassanito, la strada scende improvvisamente e la presenza di giunchi e canne ci fa pensare ad una zona lacustre. Ed ecco apparire il lago, calmo, tranquillo, proprio di fronte a Serra degli Alimini. Il rettilineo è completamente al fresco della pineta che bordeggia il ciglio della strada. Questa area boschiva ha un altissimo valore ambientale e va tutelata dalle nefaste azioni di deforestazione, dai soliti e puntuali incendi estivi e dai periodici assalti dei vora-

Ingresso del Castello aragonese (Foto F. De Vito, Martano).

A pagina successiva.
Torri delle mura (Foto F. De Vito, Martano).

177. Lo scoglio Tafaluro e il porticciolo di S. Andrea.
178. I laghi Alimini.

cissimi bruchi della "processionaria". Già nel 1898 il De Giorgi esaltava il valore della tutela dei boschi che "si distendevano in quelle contrade fino alla riva dei laghi detti Limini" (la cosiddetta "foresta di Lecce verso Otranto"). Per un lungo tratto il lago scompare alla nostra vista. Poi all'improvviso, rivediamo sia il mare a sinistra e sia il lago a destra. Sostiamo un po' sul ponte, sulle "Ucche te la Limini", che prima abbiamo osservato dal mare. Un canalone di circa 100 mt. collega il lago e il mare, passando tra due alte dune di sabbia. Un cartello infisso nell'acqua ci avverte che è vietato l'accesso e la pesca. Quello che vediamo a destra è il *Lago Alimini Grande*, salato; poco più dietro l'*Alimini Piccolo o Fontanelle*, alimentato da polle sorgive di acqua dolce.
Ma per una descrizione complessiva lasciamo la parola a Vittorio de Vitis.

I LAGHI ALIMINI
Gioielli di azzurro e di verde

I Laghi Alimini sono situati a circa sette chilometri a nord di Otranto e raggiungibili da Lecce percorrendo la litoranea adriatica che da San Cataldo giunge a Otranto per proseguire per Santa Maria di Leuca. La località è raggiungibile anche attraverso la S.S.Adriatica n.16 che da Lecce porta a Maglie e da qui a Otranto risalendo la litoranea, appunto per circa sette chilometri.

CENNI ETIMOLOGICI

I Greci antichi, con il nome *"limne"*, intendevano sia il lago che lo stagno di acque ferme. Studiosi come il Rohlfs, riferiscono che Galeno (II sec. d.C.) denomina il lago Alimini "Limne Thàlassa" (Λιμνε Τλασσα) = stagno di mare.
Dialettalmente il lago viene chiamato *"la Limini"* forma più vicina a quella greca originaria.
In Italiano è avvenuto quindi lo sdoppiamento dell'articolo, la cui vocale *"a"* è stata assorbita dal sostantivo (protesi) determinando l'attuale denominazione di *Alimini.*

CENNI STORICI

Le prime notizie storiche sui Laghi Alimini risalgono ai tempi in cui l'Imperatore Federico II, con un diploma del giugno del 1219, sanciva la proprietà del comprensorio alla *Mensa Arcivescovile* della stessa cittadina idruntina. Un altro documento a firma del Re di Napoli, Carlo II, datato 4 febbraio 1306, attribuiva alla *Mensa Arcivescovile* di Otranto solo la terza parte dei bacini lacustri e dei terreni circostanti, mentre le rimanenti due parti venivano assegnate al conte Cassano d'Aragona. Del destino di questi territori non si hanno che pochissime notizie, non essendovi documenti attestanti variazioni di proprietà delle diverse famiglie nobiliari durante i secoli.

179-181. I laghi Alimini.

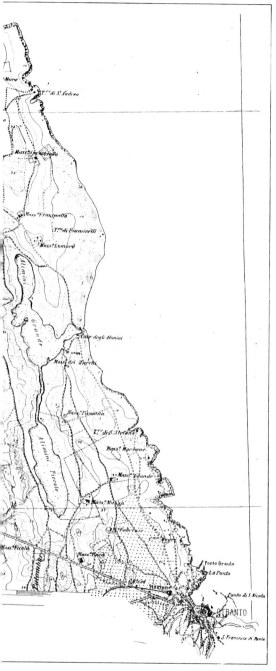

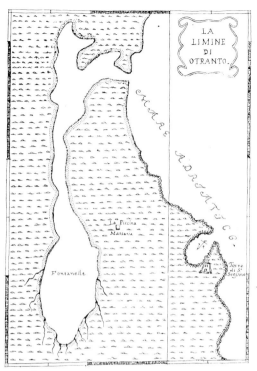

182. Cartografia dell'I.G.M. del 1874.
183. I Laghi Alimini nella cartografia del Pacelli (1804).

Le notizie che vanno dal 1306 al 1788 sono, infatti, scarse.

Si sa che sono stati proprietari il conte di Pisignano, il principe di Muro ed il barone Giovanbattista Rossi nell'anno 1788. L'invasione dei turchi nel 1480 causò l'abbandono, di questa bellissima parte del Salento, da parte dei diversi coloni distribuiti nella zona e quindi il disinteresse delle famiglie nobiliari. L'interesse economico del comprensorio degli Alimini riprese intorno alla fine del XVIII secolo in quanto in questo periodo iniziano varie contese giuridiche sul diritto di proprietà.

Il barone Rossi e la sua famiglia, infatti, nel 1823 ricorse avverso il diritto di proprietà della terza parte di cui godeva la *Mensa*, asserendo che la stessa aveva diritto solo ad un canone annuo di settanta ducati. La contesa ebbe fine nel 1831, quando la Corte di Napoli con giudicato solenne, dette ragione alla *Mensa* per il fatto che tale proprietà fu data per concessione del ..."*Sommi et Augusti Imperatori*". Nel 1886 in seguito alla soppressione dei beni ecclesiastici la terza parte della proprietà della Mensa passò al Demanio. Nel 1903 la rimanente proprietà che comprendeva i laghi e i territori ad essi connessi passarono dalla famiglia Rossi a quella dei Tamborino. Seguirono altre contese giudiziarie che si sono protratte sino ai nostri giorni. Attualmente i "laghi" sono dati in concessione privata, con diritto di pesca.

* * *

Dal punto di vista naturalistico il comprensorio dei Laghi Alimini, sino a qualche ventennio addietro non ha subito alterazioni di rilievo[1], in conseguenza delle attività umane sia per la presenza della malaria sia per non aver posseduto un adeguato sistema viario, mentre aveva ottimi pascoli per l'allevamento dei bovini allo stato brado.

Nonostante il fitto intreccio della macchia mediterranea, infatti, i bovini, con la loro pesante mole riuscivano a raggiungere la rigogliosa vegetazione erbacea del sottobosco per cibarsene. La masseria "*Pozzello*", oggi scomparsa, era rinomata per i prodotti caseari molto aromatici che produceva proprio grazie alle essenze vegetali di cui si nutrivano i bovini.

Le grandi trasformazioni fondiarie dell'immediato secondo dopoguerra e successivamente l'enorme spinta turistica mal governata hanno portato alla rapida e quasi totale distruzione della tipica macchia mediterranea del comprensorio.

La vegetazione spontanea si estendeva, infatti,

184. Cartografia settecentesca dei laghi.

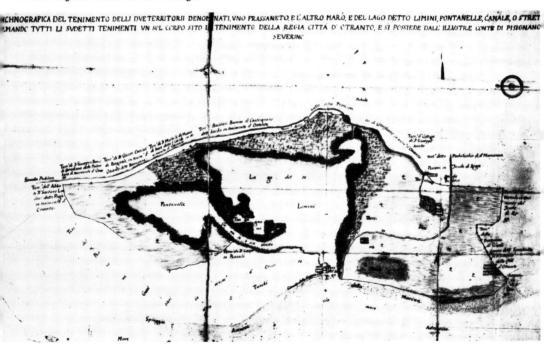

185. I laghi Alimini.

dalle dune fino ad oltre 5 km verso l'entroterra e per circa 9-10 km lungo la fascia costiera per una superficie di circa 5000 Ha.
L' area oggi interessata dalla macchia mediterranea comprende la *"macchia Lamarò"*, *"Specchiulla"*, oltre ai lembi residui e marginali di altre macchie come quelle di *"Traugnano"* e di *"Pozzello"(masseria Capozza)*.
Successivi interventi di rimboschimento ad opera della forestale, tutto intorno al complesso lacustre, hanno determinato la formazione di una folta pineta, oggi in parte naturalizzata[2].
I bacini con la vegetazione palustre e le zone a macchia mediterranea rimaste costituiscono una delle più pregevoli aree naturalistiche del meridione d'Italia.

* * *

...*"Uno dei bacini lacustri meno conosciuti in Italia, appena accennato in qualcuna delle no-* *stre geografie, e pure molto importante per la sua estensione, per la sua posizione topografica, per la sua genesi e per l'industria della pesca che vi si pratica in ogni anno, è il lago di Limini, che si trova a breve distanza dall'Adriatico e dalla città di Otranto"...*[3]
Così C. De Giorgi, uno dei più illustri studiosi del nostro Salento, alla fine dell'ottocento, introduce un serio ed approfondito contributo scientifico, su uno degli ambienti umidi più importanti del nostro territorio.
Incastonati tra il sapiente intreccio del verde intenso e profumato della pineta e della macchia mediterranea e l'azzurro del vicino mare che incontra alla foce tra un'esile fascia di dune sabbiose, i Laghi Alimini[4] costituiscono uno degli elementi più preziosi della natura e del paesaggio salentino.
Formati da due bacini, Alimini Grande e Alimini Piccolo (o Fontanelle) molto vicini tra loro presentano, però, aspetti ed origini diversi.

CENNI GEOLOGICI

Si suppone che in tempi molto remoti Alimini Grande fosse un' ampia insenatura marina chiusa successivamente dai sedimenti. Complessi fenomeni geologici portarono alla formazione, nel *periodo quaternario*, di una vasta depressione sotto il livello del mare, costituita dal fondo del lago, mentre il resto del territorio circostante emerse successivamente (*periodo pleistocenico*).

Tale origine marina è anche testimoniata dalle sue coste rocciose e frastagliate.

Alimini Piccolo, originatosi anch'esso nel *quaternario*, è costituito da una piccola depressione, posta ad un livello leggermente superiore a quello di Alimini Grande. Le acque piovane e quelle provenienti da polle sorgive, una volta colmata tale depressione tramite un canale lungo circa 1500 m chiamato "lu strittu"(un tempo sotterraneo) si riversano in Alimini Grande per poi gettarsi in mare attraverso un breve canale di circa 100 m e una "foce a marea".

Le coste fangose, prive di rocce affioranti e a leggero declivio di Alimini Piccolo e l'assenza di segni dell'azione del moto ondoso marino mostrano ancor di più la sua diversa origine.

Nell'Alimini Grande quindi il flusso e riflusso delle maree determina la natura salmastra delle acque, che ha consentito per un verso, il verificarsi di condizioni particolarmente favorevoli per l'attività di pescicoltura[5] e per l'altro, l'instaurarsi di un particolare tipo di vegetazione palustre. Ciò si verifica specialmente in corrispondenza di un piccolo e bellissimo stagno salmastro, a carattere stagionale, nella parte occidentale del bacino, detto *"padùle di Traugnano"* (denominato in passato anche *"culacchio di Frassanito"*) a ridosso del quale

186. I laghi Alimini.

187. Carta di Terra d'Otranto.

scorre il canale della sorgente *"Zuddéa"*(o *"Zudrea"*).

Altri stagni e sorgenti come la *"Longa"*, la stessa *"Zuddéa"*, *"Padulaci"*, *"Cafazza"*, *"Cipuddaro"*, *"Malapezza"*, *"Sansi"* e la *"Fontana"* costituivano un articolato sistema palustre che da Alimini Grande si estendeva fino alle masserie *"Pozzello"* e *"Pagliarone"*(o *"Pagliaruli"*).

L'estensione e la profondità dei "laghi" è variabile a seconda dell'apporto meteorico delle piogge, dall'andamento climatico, del gioco delle maree in Alimini Grande e del prelievo di acque dolci che viene fatto in Alimini Piccolo per usi irrigui.

Attualmente Alimini Grande presenta una forma molto irregolare con estensione di circa 120 ettari ed una profondità che in alcuni punti tocca i 3-4 m.

In Alimini Piccolo le acque sono totalmente dolci sia per le acque meteoriche che vi con-

fluiscono attraverso canali, come quello detto di *"Montevergine"* o canale del *"Rio"*, che per le diverse polle sorgive che lo alimentano (da qui il nome di *"Fontanelle"*). Inoltre una leggera differenza di quota e uno "sfioratoio"(una sorta di gradino appositamente costruito) non consentono alle acque salmastre dell'Alimini Grande di riversarsi nel suo bacino.

In una carta del 1613 di M. Cartaro[6], in un'altra di G.Blaeu del 1662[7] ed in altre versioni settecentesche, molto interesse suscita la particolare forma a "pettine"dei canali, rilevata dai cartografi del tempo, in comunicazione con uno dei bacini. Si può ragionevolmente presupporre che tali canali fossero le sorgenti che lo alimentavano.

Attualmente Alimini Piccolo ha forma di un ellissoide, un'estensione di circa 100 ettari ed una profondità variabile da 1 a 2,5 m .

ASPETTI CLIMATICI, FLORISTICI, VEGETAZIONALI E FAUNISTICI

Il clima dei Laghi Alimini rispecchia in generale quello salentino con un lungo periodo di "crisi" idrica estiva e piogge concentrate soprattutto nei mesi autunnali, anche se con sensibili variazioni dovute al particolare microclima che si determina dall' evaporazione delle masse d'acqua dei due bacini.

La temperatura media oscilla tra i 16 e 18°C (tra 15 e 17°C quella media del Salento) mentre la piovosità è tra le più alte, circa 700 - 1000 mm di pioggia contro 500 - 600 mm di media riscontrate nella penisola salentina.

Questa maggiore piovosità è data dalla particolare geomorfologia del territorio e dalla vicinanza del mare Adriatico. Anche la fitta vegetazione arborea circostante contribuisce a mitigare il clima rispetto alle aree limitrofe.

Questo particolare microclima condiziona e determina l'instaurarsi di interessanti specie botaniche, specialmente in rapporto alle diverse associazioni vegetali, non riscontrabili in altri luoghi del Salento e della regione pugliese.

L'ambiente del comprensorio dei laghi Alimini, pur con le continue modificazioni e alterazioni antropiche ha certamente conservato, come già detto, notevoli qualità naturalistiche e paesaggistiche.

Dal punto di vista vegetazionale possiamo distinguere:

- una **zona dunale** formata dal complesso della spiaggia e delle dune che estendendosi fino a Frassanito costituisce uno dei più belli e meglio conservati tratti sabbiosi di tutto il Salento. Qui le piante, per lo più "alofile" e "psammofile" (capaci cioè di vivere in terreni ad alta concentrazione salina e in ambienti molto aridi) hanno dovuto adottare complessi e straordinari accorgimenti per poter resistere anche a rilevanti sbalzi termici. In alcuni tratti però, grazie alla presenza di una notevole quantità di umidità, data dalla falda superficiale, anche specie "igrofile" come la *felce aquilina* (Pteridium aquilinum) prosperano rigogliose nelle depressioni retrodunali.

Contorti arbusti di *ginepro* (Juniperus phoenicea) modellati dai venti, intricati grovigli di *caprifoglio mediterraneo* (Lonicera implexa) insieme a pulvini spinescenti di *cardo delle sabbie* (Eryngium maritimum), sparsi cespugli di *pastinaca di mare* (Echinophora spinosa), di *violaciocca di mare* (Matthiola sinuata), oltre alle delicate ed umili *soldanelle* (Convolvolus soldanella) e agli splendidi e profumati *pancrazi* o *gigli delle sabbie* (Pancratium maritimum) fanno da cornice alla macchia mediterranea e alla pineta che si protendono verso l'interno.

- una **zona lacustre** caratterizzata dalla presenza di piante "natanti" semisommerse come la rara *erba vescica* (Utricularia vulgaris)[8] e la *lenticchia d'acqua* (Lemna trisulca), o sommerse e radicate sul fondo come la *brasca pettinata* (Potamogeton pectinata), la *erba tinca* (Potamogeton lucens), la *zannichellia palustre* (Zannichellia palustris), la *menta d'acqua* (Mentha aquatica) e la rarissima *castagna d'acqua* (Trapa natans) specie sull'orlo dell'estinsione in Italia, dal caratteristico frutto con grossi e appuntiti aculei, che a volte si rinviene annerito sulle nostre spiagge;

- una **zona palustre** che più delle altre ha risentito delle attività antropiche legate alle opere di bonifica delle paludi. Le specie più frequenti sono le *canne di palude* (Phragmites australis e Arundo donax), lo *scirpo* (Scirpus lacuster), la *tifa* (Typha angustifolia), il *falasco* (Cladium mariscus), il *giunco nero* (Schoenus nigricans), la *coda di cavallo* (Equisetum maximum ed Equisetum ramosissimum), lo splendido *Iris giallo* (Iris pseudacorus) che durante la fioritura crea stupendi effetti di colore tra la vegetazione e la rarissima *orchidea di palude* (Orchis palustris).

Particolare menzione merita la rarissima *Periploca græca*, una liana arborea che crea caratteristici e intrigati grovigli tra le piante palustri. E' una specie che vegeta in pochissime stazioni botaniche: in alcuni tratti del litorale toscano, nella "palude di Rauccio" nel comune di Lecce e nel bosco di Rosarno in Calabria. E' un vero e proprio relitto vivente venuto tra noi da epoche remotissime.

- una **zona a macchia mediterranea** che si

188. Veduta degli Alimini dalla parte della foce.

189. La foce dei Laghi.

può dividere a sua volta in macchia alta carat-terizzata dalla presenza di molte sclerofille co-me la *quercia spinosa* (Quercus calliprinos), la *fillirea* (Phillyrea latifolia), l'*alaterno* (Rham-nus alaternus), il *lentisco* (Pistacia lentiscus) e in macchia bassa con *erica pugliese* (Erica manipuliflora), *rosmarino* (Rosmarinus offici-nalis), *cisti* (Cistus incanus, C. salvifolius, C. monspeliensis), *santoreggia* (Satureja cuneifo-lia) ed altre ancora.
Nelle radure erbacee che si aprono tra gli in-tensi ed antichi profumi della macchia, è pos-sibile ammirare in primavera bellissime fiori-ture di orchidee selvatiche che invitano con il loro *labello* il corteggiamento passionale degli insetti impollinatori. Spledidi rappresentanti di queste specie sono l'*ofride vesparia* (Ophrys tenthredinifera), il *fior di bombo* (Ophrys bombyliflora) ed il loro raro ibrido interspeci-fico (Ophrys x sommieri), la *ofride di Bertolo-ni* (Ophrys bertolonii) e l'*orchidea cimicina* (Orchis coriophora subsp. fragrans).
- una **zona pinetata** costituita, come già detto, da essenze impiantate dal Corpo Forestale del-

lo Stato. Predominano le pinacee come il *pino d'Aleppo* (Pinus halepensis) e il *pino domesti-co* (Pinus pinea). Accanto a queste non man-cano altre specie "forestali" come il *leccio* (Quercus ilex), l'*eucalipto* (Eucaliptus rostra-ta) e il *cipresso* (Cupressus sempervirens).
Il complesso delle aree palustri degli Alimini costuisce l'ultimo lembo di un articolato siste-ma di zone umide della fascia adriatica, punto di riferimento importantissimo per le grandi rotte dell'avifauna migratoria.
Migliaia e migliaia di uccelli, nel periodo in-vernale e di passo brulicano negli specchi d'acqua come *mestoloni, germani reali, alza-vole, fischioni, codoni, svassi* e *moriglioni*, ed altri molto rari come *fistioni turchi, oche lom-bardelle, cigni reali, morette grigie* e *tabacca-te* e *volpoche*.
Nelle paludi nidificano *gallinelle d'acqua, fo-laghe, porciglioni, tuffetti, cannareccioni*.
Accanto al numeroso gruppo di uccelli stan-ziali e svernanti, quello del passo primaverile e autunnale, costituito per lo più da trampolie-ri, colpisce per l'armonia delle forme e l'ele-

ganza dei suoi rappresentanti. *Aironi bianchi, cenerini* e *rossi, garzette, sgarze ciuffetto, mignattai, totani moro, pittime reali, piro piro* e stupendi *cavalieri d'Italia* possono essere ammirati lungo le sponde dei laghi in cerca di cibo tra i folti canneti o negli acquitrini in prossimità dei bacini, insieme ad altri più piccoli e vivaci limicoli come *piovanelli, gambecchi, fratini* e *corrieri* che volano con impressionante sincronia[9].

Rapaci come *lodolai, poiane, albanelle,* e *falchi di palude*[10] occupano gli spazi aerei più elevati pronti a gettarsi sulle prede e rinnovare l'eterno equilibrio proprio della natura, della vita e della morte. Non mancano altri predatori come *la volpe, il tasso, il riccio* e *la donnola*.

Nelle acque dolci vivono in gran numero le *gambusie*, pesciolini importati dalle Americhe per combattere biologicamente la malaria, in quanto fanno stragi di uova e larve di zanzara che rappresentano il loro principale nutrimento.

Numerosi sono gli anfibi e i rettili come la *rana esculenta*, la *raganella*, il *rospo smeraldino*, i *tritoni* (molto più rari), la *tartaruga palustre*, la *biscia d'acqua*, il *cervone*, il *biacco*, il *colubro leopardino* e la *luscengola* che i contadini chiamano "argentina".

Abbondante è l'avifauna che frequenta la pineta. Oltre a quella caratteristica formata da passeriformi quali il *verdone*, il *cardellino*, la *cinciallegra* e il *pettirosso* trovano riparo i diffidenti *colombacci* e le *nitticore*.

* * *

La speranza di una riqualificazione del comprensorio non può che passare attraverso la realizzazione del Parco Naturale di 2.600 Ha proposto dal Comune di Otranto con la prospettiva di finanziamenti regionali e statali.

Il "Piano di Recupero Ambientale e Paesaggistico dei Laghi Alimini", pur con le necessarie variazioni ed integrazioni, consentirà di creare le condizioni ottimali per coniugare salvaguardia del patrimonio naturale e promozione culturale ed economica del Salento.

Note

[1] Pesanti interventi non sono comunque mancati. Già alla fine dell'ottocento C.De Giorgi (1842-1922), denunciava: *"... Qui domina sovrana la vergine natura e la mano dell'uomo non fa che distruggere col disboscamento continuo, feroce, vandalico, che favorisce la denudazione delle coste, gli interrimenti del lago e gli impaludamenti sulle sponde..."* (C.De Giorgi, *Il lago di Limini in Terra d'Otranto*, estratto dalla Rivista Geografica Italiana, Anno II - Fasc.VIII-IX, 1895, pag.9)

[2] Dal punto di vista forestale il comprensorio dei Laghi Alimini è così costituito:
Loc."Morrone-Mongiò" Ha 13.44.59 di alto fusto (*pino d'Aleppo* e *pino domestico*);
    Ha 7.44.69 ceduo matricinato (*leccio*);
Loc."Turchi" Ha 46.42.07 di alto fusto (*pino d'Aleppo* e *pino domestico*);
Loc."Pozzello" Ha 5.68.12 ceduo calliprinos (*quercia spinosa*);
Loc."Pozzello"(Mass.Capozza) Ha 50.00.00 di bassa macchia mediterrane;
Loc."Pagliaruli" Ha 13.47.82 di alto fusto (*pino d'Aleppo* e *pino domestico*);
Loc."Marò-Frassanito" Ha 88.03.37 di alto fusto (*pino d'Aleppo* e *pino domestico*);

190. *Esemplare di orchidea degli Alimini.*

191. Esemplare di orchidea degli Alimini.

Ha 70.00.00 di macchia mediterranea;
Loc."Frassanito" Ha 72.04.24 di alto fusto (*pino d'Aleppo* e *pino domestico*);
Loc."Specchiulla" Ha 41.04.00 di alto fusto (*pino d'Aleppo* e *pino domestico*);
Ha 20.00.00 di macchia mediterranea;
Ha 9.45.31 ceduo matricinato (*leccio*)

(dati indicativi forniti dal Corpo Forestale dello Stato)

La superficie forestata risulta nel complesso di circa 290 Ha mentre le aree a macchia mediterranea risultano di 140 Ha.
Confrontando questi dati con quelli relativi agli anni settanta anche il territorio forestale ha subito forti rimaneggiamenti. R.Congedo (1914-1988) Ispettore della Forestale di Lecce sottolineava che *"...L'intero comprensorio è completamente circondato da una pineta di Pino d'Aleppo e domestico di origine artificiale in ottimo stato vegetativo la quale, collegandosi colle viciniori pinete adulte e giovani, forma un complesso boscato di conifere della superficie di oltre 600 Ha..."* (R.Congedo, *Istituzione di un parco regionale nel litorale adriatico della penisola salentina,* in Atti del II Simposio Nazionale sulla Conservazione della Natura, Bari 26-30 aprile 1972, Bari, 1972). Dal punto di vista faunistico-venatorio il comprensorio dei Laghi Alimini è

un'*Oasi di protezione* di circa 600 Ha, istituita con D.P.G.R. n. 438 del 8.7.1986.
[3] C.De Giorgi, *op.cit.*, p. 1.

[4] Il termine *laghi* è improprio in quanto per convenzione si definiscono tali gli specchi d'acqua che permanentemente abbiano una profondità non inferiore a 4 m e non abbiano una diretta comunicazione con il mare. Alimini Grande essendo invece in comunicazione con l'Adriatico può essere più propriamente definito *"stagno costiero"*. La profondità di Alimini Piccolo non eccede quasi mai i 2 m.

[5] La pratica di pescicoltura si pratica da tempi molto antichi. ...*"Come nelle lagune di Comacchio qui si pescano in gran copia i capitoni e le anguille e raggiungono grandi dimensioni. Si trovano principalmente nel bacino delle Fontanelle .... Ma la ricchezza principale è costituita da altri pesci cioé dalle spine, dai cefali, dalle dorate, dai dentici, dalle triglie, ecc., i quali dimorano abitualmente nel bacino di Limini Grande e che gareggiano per dimensioni e per squisitezza di sapore con quelli del Mar Piccolo di Taranto. E la pesca nel nostro lago è fatta appunto dai marinai tarantini e otrantini."...,* C. De Giorgi, *op.cit.*, p. 11.

[6] M.Cartaro, *Provincia di Terra d'Otranto*, 1613, Napoli, Biblioteca Nazionale "Vittorio Emanuele III".

[7] G.Blaeu, *Terra di Otranto olim Salentina et Japigia*, Atlas Major sive Cosmographiae, Amsterdam, 1662.

[8] L'*erba vescica* è una pianta carnivora molto curiosa in quanto è dotata di piccole vesciche con minuscoli peli ondeggianti. Appena un insetto o un piccolo invertebrato li tocca, queste vescichette si aprono di scatto provocando un forte risucchio capace di catturare le malcapitate prede.

[9] Anche specie molto rare sono state segnalate come nel caso di alcuni *cigni* abbattuti da bracconieri nel rigido inverno del 1985 (documentate in una delibera del Comune di Otranto) o la nidificazione del *falco pescatore* (oggi specie estinta in Italia come nidificante) nel 1963 da Frugis e Frugis. Anche la *lontra*, ormai rara in Italia, veniva qui segnalata intorno agli anni '50 (Cagnolaro et al. 1975).

[10] A causa della progressiva riduzione dell'habitat nel comprensorio, per insediamenti turistici e coltivazioni agricole, di fenomeni sempre più diffusi di bracconaggio e collezionismo, di vandalismo e di inquinamenti da pesticidi in agricoltura queste specie (insieme ad alcuni rettili) si stanno progressivamente riducendo in maniera molto preoccupante.

VITTORIO DE VITIS
(Responsabile WWF di Lecce)

Percorriamo l'ultimo tratto che ci separa da Otranto. Il paesaggio è piatto, ravvivato solo che qualche oleandro, abete e da alcuni ulivi frangivento. I campi sono coltivati a pomodori e barbatelle. Un cartello ci vieta di entrare nel centro storico. Svoltiamo a sinistra per la *Riviera Haethey* e parcheggiamo l'auto accanto alla chiesetta della *Madonna dell'Altomare*, protettrice dei pescatori. La Madonna, solennemente e in barca, viene portata in processione la prima domenica di settembre, partendo dallo scoglio del Fascio.

Otranto si offre alla nostra vista: il molo S. Nicola, la Roana, il porto, poi il centro storico "un paradiso di viuzze bianche in salita, in discesa, di casette bianche, di palazzotti tufacei", la "villa" con i suoi lucidi pittospori a forma di ombrellone, il fiume Idro che stancamente sfocia nel mare.

Il Lido Miramare, il Lido Camillo e la spiaggia pubblica orlate di oleandri e tamerici chiudono il panorama.

192. La chiesa della Madonna dell'Altomare.
193. Lido Miramare, lido Camillo e la spiaggia pubblica.

2° ITINERARIO

Ci imbarchiamo dal *Pontile* ammirando a sinistra l'imponente *Bastione dei Pelasgi* che protegge il centro antico di Otranto e, con il pensiero rivolto ai Romani ai quali (secondo il De Giorgi) "dobbiamo le prime gettate di un molo che dovea circondare e difendere il porto idruntino dai venti di traversia e dalle onde burrascose dell'Adriatico", doppiamo il faro e puntiamo in direzione sud. Il molo, da alcuni,

viene chiamato *Banchina tabacco orientale italiano*, nome a dir poco estemporaneo, ma non senza fondamento, perchè è da qui che il tabacco coltivato nel Salento viene esportato nelle varietà orientali Erzegovina, Xanthi, Perustitza, presenti anche nei Balcani, da dove sono orginarie. Dopo un tratto di costa bassa, arriviamo alla *grotta Palombara*, cosiddetta per "la presenza dei palombi che sono ricomparsi dopo lunga assenza". È una grotta preistorica e per visitarla occorre una buona dose di coraggio e di perizia perchè difficilmente ci si può calare dall'alto della scogliera ed è altrettanto difficile raggiungerla dal mare. A de-

194. *Costa rocciosa a sud di Otranto.*
195. *Grotta Palombara.*

II *Itinerario*

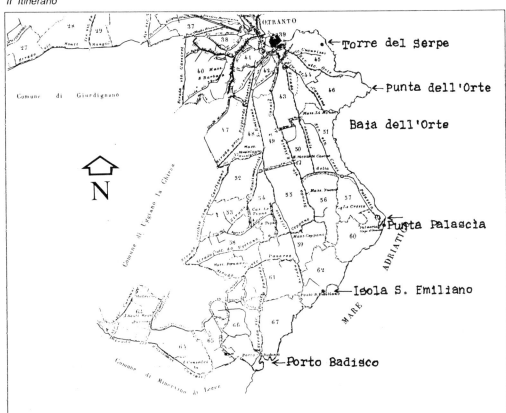

94

95

196

1

1

Laghi Alimini (Foto Az. Sogg. Turismo - Otranto).

A pagina successiva.
Masseria Cippano (Foto Costantini).
Torre Pinta (Foto F. De Vito, Martano).

stra, in alto, su di un promontorio panoramico, solitaria ed imponente la *Torre del Serpe*, o *Torre dell'Idro*, detta anche *Cucurizzo* (per il Rohlfs *cucurizzo* è una pila di pietre sovrapposte) forse per la natura pietrosa della zona. I venti e le tempeste che battono la zona isolata non sembrano vincere la secolare resistenza e il precario equilibrio della torre, ormai ridotta a un rudere. Ma fino a quando? Andrebbe maggiormente tutelata. D'altro canto, però, la maggior parte delle torri costiere, non è neppure vincolata come monumento. Per giungere, via terra, alla torre, basta prendere la strada che, dalla discesa per il porto, lasciando a sinistra il camping Hidrusa e a destra la bianca cappella della Madonna del Passo, porta al maneggio del Punto dell'Orte, segnalato con un cartello giallo; dopo un ordinato muro a secco si svolta a sinistra. "Narra la leggenda che un serpe tutte le notti all'esterno della torre

196-199. *Torre del Serpe.*
200. *Disegno seicentesco dello stemma della città.*
201. *Torre dell'Orte.*

e penetrando colla testa per una finestra, là dov'era il fanale, ne sorbiva tutto l'olio". Nell'arma della città di Otranto troverai appunto un serpe attorcigliato attorno ad una torre. È alta 25 mt., presenta una sola finestra a feritoia e alcuni fori in cui erano inserite le travi per sostenere i ripiani in legno. L'aspetto cilindrico e tronco-conico testimonia che è più antica di quelle altre torri a base quadrata dislocate sulla costiera ionica. Più lontano vediamo la Torre dell'Orte per la quale, intorno al 1568, i maestri Cesare d'Orlando, e Tommaso Gangale, Cola d'Andrano e altri di Otranto assumono i lavori per la costruzione. Gli spagnoli costruirono nel 1500 una catena di torri di avvistamento che segnalavano, con fuochi o fumate, in un linguaggio semaforico, l'imminente pericolo derivante dalle incursioni piratesche e saracene. Il sistema difensivo di torri e piazzeforti venne iniziato e realizzato *dopo* il 1480, anno del sacco di Otranto, quando ormai, come ci ricorda Willemsen, "il bambino era caduto nel pozzo". Cazzato sottolinea che la torre del Serpe forse esisteva ancor prima del 1563, ma non è certo. È proprio da questa data che si progetta l'ambizioso programma di costruzione delle torri. E aggiunge che dopo la caduta di Otranto "la pirateria assume per la nostra provincia un andamento periodico" e che la vera *terra di confine* è Otranto e le sponde adriatiche. I Turchi, dopo aver preso Costantinopoli, occuparono l'Albania e da Valona assalirono Otranto che si trovava di fronte. Tutto ciò, al di là delle "alleanze" con il turco da parte dei Fiorentini e Veneziani, preoccupati per l'espansione e accresciuta potenza degli Aragonesi nell'Italia centro-meridionale, rientrava nell'audace e temerario disegno di Maometto II di conquistare l'Italia e poi ricongiungersi ai maomettani di Spagna. Dopo il 1567, tutti i comuni costieri del Salento, compresi quelli "che distavano meno di 12 miglia dal mare", contribuirono alle spese per la costruzione delle torri in proporzione al numero dei loro fuochi (nuclei familiari). Alle *università* che non pagavano nei tempi stabiliti, dai regi commissari, venivano sequestrati i beni dei cittadini e venduti all'asta. La sicurezza delle vicine cittadine veniva affidata alla continua vigilanza ed erano punite le eventuali negligenze dei "caporali et soldati (che) non fanno le dette guardie nè danno detti avisi come si deve et sono obligati". D'altro canto nella memoria degli Otrantini era incancellabile il terrore causato dal Turco, padrone incontrastato del campo, che aveva sbarcato "ogni sorta di armi e di macchine da guerra, tra cui le bombarde e i mortai, capaci di scagliare contro le mura e le case pietre del diametro di dodici palmi". Il progetto di munire le coste di torri si presentò imponente e non privo di difficoltà che di fatto ne rallentarono i lavori, che terminarono molto più tardi nel 1748, ma già nel 1720 molte torri vennero cedute ai più disparati personaggi "tra cui ecclesiastici, donne e monache - che le tenevano col titolo di capitani torrieri". Abbandonando per un momento torri, pirati e turchi, navigando velocemente giungiamo alla *Punteddha*, estrema punta della baia Palombara, dove qualche volta è stata avvistata la foca monaca (Monachus Monachus) rarissima in Italia. L'acqua tersa e pulita è un habitat ideale per questo mammifero che "tende a frequentare soltanto le acque la cui ricchezza alimentare è indubbia, diventando così con la sua presenza, un indiscutibile indizio dello stato di salute del mare che lo ospita". Il ritrovamento, poi, in questa zona di mare, di numerosi esemplari di un rarissimo mollusco detto *Pilljdia Pulitzeri*, conferisce alla zona altissima valenza scientifica.

Giuseppe Macrì che ha documentato le modalità di accoppiamento e di riproduzione dei molluschi, propone l'istituzione di un parco marino a Torre del Serpe: verrebbe esaltato non solo il ruolo scientifico e didattico dell'area, ma anche il ruolo turistico, nella convinzione che sempre più la fotocamera subacquea sostituisce il fucile del sub in continua ricerca di fondali puliti, cristallini e scenograficamente interessanti. A proposito di sub, poco più avanti, presso il Punto dell'Orte, è in funzione un centro subacqueo che consentirà escursioni subacquee fotografiche ed anche immersioni notturne. Totò Leuzzi titolare del centro, racconta che alcune grotte sottomarine, dopo la

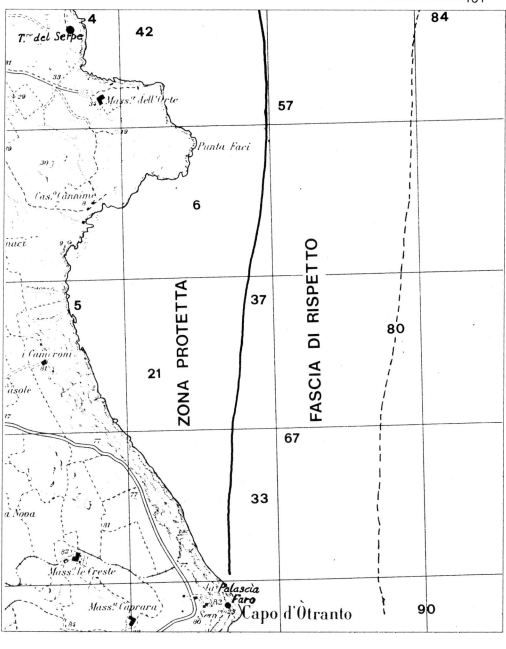

202. Proposta di parco marino a Torre del Serpe.

203. Baia dell'Orte.

grotta Palombara, comunicano forse con le grotte di Punta Facì. Insomma gli appassionati hanno parecchio da esplorare e nelle loro esplorazioni, tra l'altro, si accorgeranno che parte della scogliera sommersa è letteralmente sbriciolata sotto i colpi di scalpelli e piccoli martelli pneumatici: i datteri di mare vengono "strappati" dagli scogli con questo sistema. L'università, il CNR e l'istituto talassografico di Taranto hanno dichiarato guerra ai "dattaroli" e, intanto, con la nave Survay 92 hanno già predisposto una mappa dei fondali sino a 10 metri. Lasciando alle nostre spalle le scogliere dette *Remite* che, per la presenza di molti bagnanti, non sembrerebbero così isolate ed eremitiche come il toponimo lascia intendere, e superata agevolmente *Punta Facì*, appare alla nostra vista l'insenatura dell'*Orte*, una delle più incantevoli della costa meridionale di Otranto. Dapprima bassa, via via la scogliera

diventa alta e in alcuni punti ripida sul mare. Al centro della baia, una piccola spiaggia, *Porto grande*, riparata dalla tramontana, difficilmente raggiungibile da terra (solo con una ripida scaletta), e impraticabile dal mare con i venti di scirocco e levante. Isolato, un piccolo scoglio sembra vigilare sulla bellezza del luogo. Una piccola cala detta *Casotto*, a destra della spiaggia, presenta in alto i ruderi di una costruzione dalla quale partiva il cavo telegrafico che collegava Otranto con Durazzo in Albania. A sinistra tanti anfratti e piccole grotte. Due in particolare attirano la nostra attenzione: la *grotta della Piscina*, come la chiamano qui i giovani che vengono a prendervi il bagno, nella quale, superato l'accesso, vi entriamo facendo attenzione a non urtare la bassa volta, terminata la quale, appare nuovamente il cielo azzurro e ci si ritrova in una sorta di "piscina" riparata da una bassa scogliera. Il mare, invitante, è di un verde intenso. Poco più avanti la *grotta del Pastore* o *della Pecora*. L'amico Mario Vergine, assiduo frequentatore del luogo, racconta che, quasi ogni giorno, alle 6 pomeridiane, un pastore lascia pascolare il suo gregge sul vicino versante e, pescati alcuni ricci, li degusta con un occhio rivolto alle bagnanti e l'altro alle pecore incuranti della ripida pendenza del canale. I canaloni del lungo promontorio, le grotte e le numerose sorgenti (Fontana, Casotto, Sciuncacchia, Fiume d'oro) sembrano spiegare il toponimo Orte (dal lat. Orior = sorgere, nascere). Al largo sotto un mare blue intenso, scuro, il fondale, a circa 40 mt. di profondità, scende giù verticalmente, "un enorme gradino, una specie di "ripa" quadrata, poi rettangolare priva di appigli, che porta a una base sabbiosa". Non a caso i sub lo chiamano *muraglione*, dove ultimamente è stato ritrovato un sommergi-bile che una colonia di irriverenti calamari hanno prescelto come loro dimora.

Davanti a noi il bianco faro di *punta Palascìa*, detta Capo d'Otranto, il punto più orientale d'I-talia, chiude a Sud la bellissima baia dell'Orte. Alcuni la fanno derivare da Santo Palàscia proveniente dalla vicina Albania, altri come il Rohlfs la intendono una deformazione di Panaghìa="la Madonna?". L'antica torre Palascia, distrutta, che era situata a 82 mt. sul livello del mare, nel 1672 era agli ordini di Francesco Antonio Antonino di Minervino "Caporale della torre Pelagia". Gustosissimi i ricci della Palascia che non hanno sabbia come quelli della Punta e "la carne è più rossa; li chiamano i ricci dell'arciprete". Avviso per i pescatori di canna: in tutta la baia da ottobre sino a febbraio-marzo, con mareggiate di levante o forte scirocco si può praticare la pesca alla spigola, con canna da lancio senza esca,

204. Punta Palascia, il punto più orientale d'Italia; all'estremità, l'omonimo faro.

ma con il pesce finto detto "rapalà". Per la pesca all'orata una buona posta è alle *Punte Cilandre*, vicino alla grotta Palombara, dove l'acqua è profonda, con canna fissa o mulinello, dopo una pastura di sarde e usando per esca seppia o calamaro fresco, cozze oppure la "vermara", vermi di mare molto costosi. In questa zona è fruttuosa anche la pesca subac-quea in apnea (proprio all'Orte due anni fa si svolsero le gare nazionali).

Doppiato il capo e superati gli appuntiti e poco ospitali scogli di *Punte Galere*, ecco davanti a noi l'*isola di S. Emiliano*, più che altro uno scoglio, poco distante dalla costa. Il grido rauco emesso dai gabbiani ci avverte della presenza numerosa di questi volatili acquatici che

205. *L'isola di S. Emiliano.*
206. *La torre S. Emiliano.*

sembrano preferire questo scoglio per la sosta e il riposo, dopo le loro interminabili evoluzioni aeree: è uno spettacolo vederli planare, dolcemente e senza danno, mentre le zampe palmate afferrano gli aguzzi scogli e sul corpo affusolato si ricompongono finalmente le grandi ali bianche bordate di nero. Su questa improvvisata base aerea e marina, vigila attentamente la solida *torre S. Emiliano*, ancora in buono stato (con qualche cedimento alla volta e alla base), solitaria e imponente, posta in alto sulla scogliera. Costruita nella prima metà del '500, aveva nelle vicinanze una chiesetta. Molte torri sono intitolate al nome di santi venerati in antiche chiese andate poi distrutte. Ci sorprende il paesaggio intorno alla torre, avarissimo di vegetazione; davanti a noi solo pietre, massi, scogli d'un colore bianco-lucente rimarcato dal sole ormai alto, un paesaggio impervio, arido, desolato, eppure suggestivo nella sua crudezza, che ricorda tanto Portoscuso

nel Capo Teulada in Sardegna di fronte all'isola di S. Antioco e di S. Pietro: anche lì pietre, scogli e natura selvaggia e impervia.

A pochi metri dalla costa sono visibili le polle d'acqua dolce di numerose sorgenti di origine carsica, provenienti da misteriosi cunicoli sotterranei che i pescatori dell'800 chiamavano *Fiume delle Spinose*. Dalla scogliera di fronte all'isolotto si possono pescare l'occhiata, tutto l'anno, e poi il sarago e la spigola utilizzando esca viva, cioè pulci marine, scarafaggi di mare "chiatte", dopo un'abbondante pastura con la stessa esca mischiata ad alghe.

Ed eccoci finalmente a *Porto Badisco*. Anche qui una torre, ora distrutta, costruita già il 1567, faceva da sentinella al porticciolo a cui confluivano "alcuni ruscelli" che solcavano Badisco un tempo rivestita di uliveti. Uno scoglio denominato *Isola* avverte di non andare oltre e ci indica la direzione per addentrarci nella lunga e stretta baia. Attracchiamo al pic-

207. La torre S. Emiliano.

2

2

colo molo posto a sinistra e scendiamo dalla barca per sgranchirci un po', ma soprattutto per iniziare la visita ad una delle località più affascinanti e pittoresche di tutta la costa otrantina. Storia (Badisco è stato l'approdo di Enea), natura, mare e coste insieme costituiscono, se così si può dire, un cocktail turistico al quale difficilmente si può rinunciare. Un alto costone a sinistra, la strada costiera al centro e altri due costoni a destra, fanno da corona al lungo e pulito arenile. Scarsa la vegetazione: sulla roccia irraggiungibili e sempreverdi le piante di cappero i cui fiori in boccio, sono gustosissimi in salamoia; dove termina la spiaggia, cinque sperduti alberi di fico selvatico e alcuni arbusti di canne, indicano che questa è zona d'impluvio, nella quale convergono acque piovane del canalone posto di fronte e dai versanti vicini. Tanto per non dissociare Enea e i Troiani dai Greci, gli alberi di fico posti alla fine del canalone, ci ricordano che nell'antica Grecia i fichi erano sacri al dio Dionisio "le cui festività divennero sinonimi di licenziosità". Talune cronache ci riferiscono che gli Ateniesi vietarono l'esportazione dei fichi: gli informatori che davano notizia di eventuali trasgressori erano noti come sifocanti, un nome che letteralmente significa "scopritori di fico".

La grande calura, comunque, ci impedisce ulteriori digressioni, nè ci consola il volo armonioso di una poiana che in alto, padrona incontrastata del campo, volteggia e non sembra soffrire il caldo soffocante. Sul lato sinistro

208. *Veduta della costa dalla torre S. Emiliano.*
209. *Lo scoglio "Isola" e "La grotta di Enea" a Badisco.*
210. *Porto Badisco.*

211. Il viaggio di Enea in una incisione settecentesca.

212. "Pitture" nella Grotta dei Cervi.

della baia (guardando a sinistra verso il mare) una piccola pineta ci offre riposo e ombra per la sosta. Prima di arrivare superiamo un piccolo ponte in cemento che consente l'attraversamento del canale che convoglia in mare le acque piovane. Oronzo Leo, vecchio pescatore del luogo, racconta che nel 1957, a causa di grandi temporali ed acquazzoni, che durarono diversi giorni, il livello dell'acqua che scendeva impetuosa, superò gli argini del canale e molte barche vennero affondate e sfasciate e i rottami furono trovati, dopo diversi giorni, più a sud nelle vicinanze di Porto Miggiano. Sulla sinistra del porticello, ricoperto di vegetazione, l'antico *cunicolo dei Diavoli*. Nella pineta sostiamo sotto l'ombra di un pino curvato dal tempo. Davanti a noi uno spettacolo incredibile: un manto di arbusti gialli di ginestre rico-

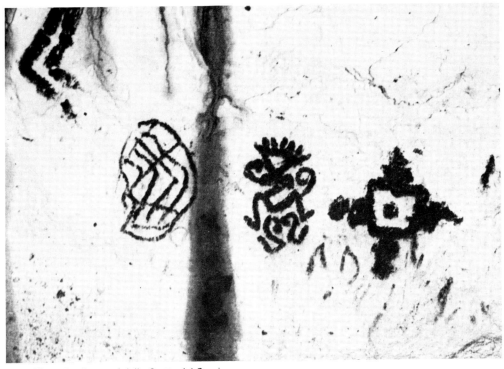

213. "Pitture" sulle pareti della Grotta dei Cervi.

pre il lato destro della baia; al centro, il mare di Badisco, verde-blue, terso, pulitissimo, cristallino; in fondo, la spiaggia lunga e stretta che va a congiungersi con il canalone che qui chiamano *Strimmulari* (detto così forse per l'azione dilavante, oppure per la forma della paletta di ferro che pulisce l'aratro e che a Badisco viene detta "strimmularu", e in altri luoghi del Salento "strombularu" o "strumbulari"); a sinistra verso la punta la *grotta Galleria*, un cunicolo sotterraneo, e vicino *la grotta di Enea* o approdo di Enea. Che Enea, dopo lungo peregrinare, sia approdato a Badisco è testimoniato dal libro III dell'Eneide: "Le brezze desiderate spesseggiano (=crescono) e il porto (il porto di Badisco) già più vicino s'allarga, e il tempio di Minerva appare sopra un'altura. I compagni raccolgono (=ammainano) le vele, voltano le vele verso il lido" (traduz. di L. Paiano). Accanto alla grotta di Enea, la scogliera è stata sistemata in tanti gradoni, *le Spianate*, per consentire una più agevole balneazione. Lontana, in alto, in territorio di S. Cesarea Terme, sulla ripidissima scogliera, la torre di Minervino, dalla quale lembi di pineta degradano sino al mare. Proviamo a fare un'escursione non programmata e, con il gusto della scoperta, ci dirigiamo in direzione nord verso la scogliera. Dopo aver percorso un tortuoso sentiero dalla terra rossiccia, a circa 200 mt., ci troviamo in un punto della costa dal quale possiamo ammirare le due torri di S. Emiliano e Minervino. Davanti a noi un mare blue scuro solcato da diversi natanti. È una piccola oasi di pace, lontana dallo stress cittadino e dal vociare della vicina spiaggia. Il colore bianco-grigio dell'aspra e nuda scogliera è ravvivato dal verde dell'asparago spinoso le cui ridottissime foglie limitano le perdite idriche e ben si adattano al clima arido della zona. L'azzurro vivace di molti fiorellini segnalano la presenza della cicoria selvatica. Alle nostre spalle un paesaggio pietroso e arido, con qualche macchia verde di pineta. Il colore predominante, però, è il bianco per la massiccia presenza della carota selvatica ("pastanaca cresta"). Ma Badisco è nota in tutto il mondo soprattutto per la *Grotta dei Cervi* scoperta nel 1970, nelle immediate vicinanze, da cinque membri del gruppo speleologico "Pasquale De Lorentiis" di Maglie. La Grotta dei Cervi è una cavità naturale di grande interesse preistorico. Gli antichi abitatori (Neolitico) ci hanno lasciato diverse pitture e pittogrammi a tinta scura o rossa che rappresentano animali, uomini o figure astratte, scene di caccia.

Numerose sono le figure dei cervi a cui la grotta deve il nome. Nel 1987 i soliti ignoti sfregiarono alcuni ambienti delle grotte procurando danni notevoli ai depositi concrezionali (depositi minerari o sedimentari), alle pitture parietali e ai depositi archeologici. Questo e altri motivi hanno mobilitato enti ed associazioni in iniziative rivolte alla tutela e conservazione di questo eccezionale patrimonio archeologico. Badisco merita più attenzione, ma soprattutto sarebbe il caso di approvare definitivamente la proposta dell'Associazione Speleologica Magliese per un Parco naturalistico archeologico a Porto Badisco. La grotta, definita in una bella immagine una sorta di "Louvre della preistoria", conserva pitture di animali "improbabili a queste latitudini: il pinguino boreale, il mammuth, il leone delle caverne e il piccolo asino delle steppe". La grotta, tuttavia, non si può visitare. Tutti gli scienziati

214. Baia dell'Orte.

scoraggiano la fruibilità turistica delle grotte e sono concordi nel sostenere che una tale eventualità porterebbe al degrado del patrimonio pittorico. Al turista curioso ricordiamo che questo complesso rappresenta il più vasto ciclo di arte preistorica esistente in Italia.

Ritorniamo ad Otranto in macchina. Risalendo i tornanti, incontriamo il nostro amico pescatore che ci invita ad assaggiare i suoi gustosissimi ricci che faranno bella mostra di sè nella *Sagra del riccio* che si svolge nella prima settimana di agosto. Tornando superiamo un cartello che ci esorta a rispettare l'ambiente e, voltando a destra, oltrepassiamo il *Ponte Minnaorcu*. La strada intagliata nella roccia è in leggera salita. A destra la torre di S. Emiliano con una piccola e scarsa pineta. A sinistra isolata una masseria. A guardare bene, l'unico fatto di rilievo è proprio la torre S. Emiliano che svetta a destra in un paesaggio piatto, poco ondulato, qualche muro a secco, qualche trullo, qualche appezzamento di grano già mietuto, due o tre campi coltivati a tabacco, un isolato pero selvatico ("pirazzo") che fa compagnia all'isolata torre. Osserviamo con scrupolo i segnali che vietano qualsiasi attività venatoria. Ma forte è il richiamo di un cartello, a sinistra, che ci propone di assaggiare i *formaggi pecorini* prodotti dalla vicina masseria. Con forza decliniamo il generoso invito e raccogliamo invece l'allettante proposta di una visita alla torre S. Emiliano. È questo un itinerario turistico assolutamente fuori dai tradizionali percorsi, sconosciuto ai più. Ci avventuriamo in macchina, attraverso una desolata campagna, in un'agevole stradina, battuta in tufo, proprio a destra del cartello. Dopo circa trecento metri iniziano le difficoltà: la strada diventa sentiero e non è più rotabile. Un lucertolone dalla lunga coda, dalla colorazione verde intensa, che qui chiamano "ramarru", insediato tra cespugli e siepi, sembra infastidito dalla nostra visita. Tracce di greggi e alcuni galleggianti di sughero testimoniano che questa zona di Otranto è "riserva" esclusiva dei pastori e pescatori di canna. All'ombra dell'imponente torre il nostro pensiero va ai "cavallari" che perlustrando la costa, avvertivano i paesi vicini del pericolo incombente. Oppure immaginiamo il "comandante" della torre che ritira la scala d'accesso al piano superiore, non appena il turco si avvicina minaccioso, e subito comunica alla vicina torre l'imminente sbarco. Oggi, per fortuna, niente di tutto questo. Davanti a noi solo un mare luminescente e sotto di noi una scogliera che per 50 mt. scende a scaglioni sino al mare. Torniamo indietro e giunti sulla via Badisco-Otranto, svoltiamo a destra. La strada sale dolcemente sulla collina che sovrasta la baia. La terra è rossa. Davanti a noi il "paesaggio della pietra": muri a secco, cumuli di pietre detti *muriscine*, trulli che qui chiamano *paiari* o *furnieddhi*. Da questo punto non riusciamo a vedere l'alta scogliera sottostante. Subito dopo ci fermiamo per ammirare la baia dell'Orte. Dall'alto tutto appare più nitido e riusciamo a cogliere particolari che ci sono sfuggiti nella precedente visita in barca. Alle spalle della baia la pineta raggiunge quasi il mare che è blue-scuro al centro del Canale d'Otranto e verde-smeraldo sotto costa. Il profumo intenso che avvertiamo è dato dal timo che calpestiamo mentre ci spostiamo per trovare l'angolazione ideale per una foto da incorniciare. Su questa alta scogliera abbonda la piccante ruchetta, gustosa nelle insalate, l'olivastro, la quercia spinosa e alcuni arbusti di mirto che nella tradizione letteraria sono il simbolo dell'amore o della poesia amorosa. Dopo l'Orte, a destra, tanti piccoli pini marittimi di recente rimboschimento. A sinistra alcuni caseggiati, recintati da filo spinato, dai colori giallo-verde-arancione tipici delle costruzioni militari, ci segnalano la presenza di una stazione-radar. Subito dopo a sinistra, dopo aver percorso un lungo e stretto alberato viale, troviamo la masseria S. Nicola. Ma quello che a noi interessa non è tanto la masseria, quanto ciò che resta (ben poco) del *Cenobio basiliano di S. Nicolò di Casole* ad essa attaccato. Anche il Cenobio non venne risparmiato dall'orda devastatrice dei Turchi e molte opere in Dialettica, Filosofia e Teologia "abbattuto e distrutto il Monistero (di Casole) dai Turchi, vennero incendiate insieme con una biblioteca di ogni sorta di libri..."

Lasciamo Casole e torniamo ad Otranto percorrendo la strada che è in leggera discesa. A destra, prima della masseria, la terra è di un rosso fuoco che ci segnala la presenza di cave di bauxite. Subito dopo la masseria lo spettacolo che appare ai nostri occhi è di rara bellezza. Da questo punto, il più alto e panoramico della costiera otrantina, vediamo a destra la grigia torre del Serpe, poi la *Croce rossa* lì eretta per ricordare la visita del Papa nel 1980, poi la verde pineta che contrasta con il bianco lucente delle case di Otranto che, sorniona, si adagia nella *Valle d'Idro*. Si vedono chiaramente gli scuri bastioni e le torri della città, il faro del lato sinistro del porto, gli alti e gialli scogli degli Imperiali e, lontana nella foschia, la bianca striscia della spiaggia degli Alimini. È un'esplosione di colore e non si può proprio dire che "la tavolozza dei colori di Otranto sia monocromatica".

Continuando, non seguiamo il cartello stradale che indica il Centro di Otranto, ma proseguiamo sul lato destro. Per un tratto Otranto scompare alla nostra vista, ma poi riappare e, in primo piano, dopo la piccola discesa, ecco il *Colle di Minerva*. Sull'architrave del vicino *Santuario S. Maria dei Martiri* la scritta COSTANTIA SUA FACTI SUNT IMMORTALES MCCCCLXXX, ci ricorda gli 800 martiri di Otranto e l'anno del loro sacrificio. Una lapide all'interno di una cappelletta posta alla sommità di una lunga scalinata, così recita QUIVI STETTE IL SASSO OVE GLI OTTOCENTO IDRUNTINI DECOLLATI PER LA FEDE MORIRONO. LA COLONNA DI FRONTE RAMMENTA IL SUPPLIZIO DEL CARNEFICE BERLABEI A SI' GRANDE SPETTACOLO DI EROISMO CONVERTITO.

I rintocchi delle tre campane del santuario ricordano che è già mezzogiorno. Riposando su una panchina all'ombra dei pini e degli oleandri, davanti a noi, la colonna del supplizio di Berlabei e le rotonde palle di granito, micidiali proiettili che i turchi lanciarono contro i bastioni di Otranto, ci riportano indietro nel tempo.

LUIGI MANNI

215. Particolare del portale del Santuario dei Martiri.

Appendice I

(Documenti sei-settecenteschi sui laghi Alimini)

1679. Don Orazio Trani, duca di Corigliano "et pheudi nuncupati dell'Alimini" affitta ad Andrea Riccio di Maglie i suddetti laghi "tanto dell'Alimini grande quanto quello dello Stretto ... con lo giunco, col curaturo del lino, e col beveraturo, e con l'erbaggi" e con tutti gli altri territori coltivati annessi, per cinque anni alla ragione di 225 ducati annui. In un patto di questo affitto è detto: "che succedendo sbarco d'armata di turchi, o succedendo rivoluzioni, quod absit, di modo tale che non si potrà pescare nelle dette pescaggioni dell'Alimini Grande e Stretto, non fosse tenuto", l'affittatore, "pagare detto affitto".

1696. Il medesimo duca dichiara che nel 1689 vendette a Donna Teresa Cavazza baronessa di Giurdignano, vedova del *quondam* Antonio Prototico, "il feudo seu laco piscatorio detto l'Alimini... per il prezzo di ducati 4.400 con il patto di retrovendendo fra il termine di anni nove"; per motivi economici il Trani, impossibilitato a ricomprare il corpo feudale, lo trasferisce definitivamente alla Cavazza.

1738. Il principe di Muro, Gio.Battista Protonobilissimo, affitta ad Emanuele Martina "pubblico negoziante nella città di Lecce il Lago grande volgarmente chiamato delli Limini, sito in vicinanze della città d'Otranto, con tutti e singoli suoi jussi, diritti, proventi e raggioni della pescaria di detto lago" per due anni, alla ragione di 200 ducati l'anno. Di tutte le entrate la terza parte spettava alla Mensa Arcivescovile di Otranto.

1760. Il conte di Pisignano, Marcello Maria Severini compra dal Protonobilissimo "il feudo nominato l'Alimini consistente in un lago amplissimo d'acqua che immediatamente comunica col mare Adriatico, che gli è a canto, dove si pesca, e in due massarie burgensatiche...nominate una Fassanito e l'altra Marò". Nel documento si dice che al Prototico il "feudo" era pervenuto, a sua volta, per cessione di Don Emilio d'Aragona Principe di Cassano, per 5.980 ducati.

1787. (Da una *Platea* di quest'anno). La "foce del fiume" con la quale i laghi comunica col mare Adriatico "si suole aprire verso la fine d'aprile, o nelli principi di maggio, ed allora incomincia il pesce ad entrarvi; e si prosiegue sino che si chiude di nuovo in agosto o luglio; ed allora si fa la pesca...; nel mentre la foce sta chiusa si apre di tempo in tempo per sgravare il lago dall'acque...; vi si pescano più sorti di pesci come sono cefali, spinole, capitoni ad altra sorte di pesce...tutti di famosa qualità e specialmente li capitoni...forse migliori di quelli del celebre mare piccolo di Taranto". Già allora, però, l'aria che si respirava nella zona non era ottima. Nel tenimento della masseria Marò vi era "una Regia Torre di guardia delle marine... e serve per custodire la contrada dall'invasione de corsari, alla quale non poco è soggetta". Il lago, comprese le masserie fu valutato, quell'anno ben 18.400,95 ducati ed oltre alla pesca si "curava" il lino, si raccoglieva il giunco e si esercitava la caccia; nascevano inoltre varie "erbe per fare funi o siano zuche".

Torre S. Emiliano (Foto A. Costantini).

Porto Badisco (Foto L. Manni).

A pag. precedente.
Otranto dal Porto (Foto Az. Sogg. Turismo - Otranto).
Baia dell'Orte (Foto Az. Sogg. Turismo - Otranto).

Appendice II

(Sui restauri ottocenteschi al mosaico pavimentale della cattedrale)

10.9.1875. Consegna dei lavori. L'appaltatore è G. Angelo Maselli di Cutrofiano.
10.12.1875. Dopo lunghe polemiche si consegnano all'appaltatore i disegni per il completamento del mosaico delle navate laterali.
9.12.1876. Verbale di ultimazione dei lavori.

Quella che segue è una lettera che il Ministero della Pubblica Istruzione invia alla Prefettura di Lecce e che riassume – dal suo punto di vista – tutta la vicenda del "restauro" del pavimento e delle polemiche seguite:
"A sciogliere la controversia insorta intorno al pavimento della Cattedrale di Otranto, questo Ministero mandò sul luogo, come Le è ben noto, il Cav. Gio.Battista Cavalcaselle, Ispettore Artistico di questo Ministero ed un mosaicista dei più valenti di questa Capitale.
Ora mi occorre di ragguagliare l'E.V. delle conclusioni ed osservazioni principali della relazione dei suddetti Signori. Bisogna anzitutto ricordare come per l'occupazione dei turchi avvenuta nel 1841 (sic) per la quale la Cattedrale di Otranto servì ad uso di stalla, i suddetti mosaici patirono grandemente. Ed altri danni ebbero a soffire in progresso di tempo a cagione dei cambiamenti avvenuti in quella chiesa, cosicché i mosaici, oltre avere sofferto nella loro bellezza sono anche in più luoghi o mutilati o mancanti o restaurati o rifatti malamente; eccetto la parte presso ai gradini dell'altare maggiore (della grandezza di circa un metro quadrato).
Così stanno le cose, gl'Ispettori, esaminati il lavoro che sta facendo il restauratore Angelo Maselli hanno trovato, che quel lavoro quanto al carattere delle forme, dove il restauratore potè seguire le tracce del mosaico antico, è fatto sufficientemente bene e meglio assai di talune altre parti, che furono eseguite nei tempi innanti. E quanto alla tecnica esecuzione dichiaro che è veramente incensurabile.
Nelle due navate laterali, mancando del tutto il mosaico fu fatto il pavimento a mano nel modo sì detto alla veneziana con un semplice disegno a riquadro. Nè si poteva fare altrimenti, mancando qualunque traccia dell'antico. Per le poche riparazioni ancora a farsi al mosaico della navata principale e per altre poche dei mosaici del presbiterio ed ai lati di questo a capo delle due navate il mosaicista farà bene a continuare il suo restauro nel modo stesso tenuto sinora, vale a dire riempiendo soltanto quei vuoti ove nulla rimane d'un mosaico d'una solo tinta neutra, come si fa nei restauri degli affreschi il bianco non offenda l'occhio del riguardante.
Gli ispettori avvertono però, che finito il restauro del mosaico della navata principale, bisognerà provvedere alla sua durata, ordinando che non siano rimessi i banchi perchè collo strascinarli sul mosaico e coll'andare e venire delle persone, egli è certo che verrebbe presto a patire nuovi danni, onde si richiederebbe

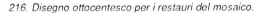

216. Disegno ottocentesco per i restauri del mosaico.

217. Disegno ottocentesco per i restauri del mosaico.

di continuo il lavoro del restauratore e quindi nuove spese.

Però si ritiene accettabile la proposta del Genio Civile, quella cioè di mettere fra colonna e colonna i banchi cogli inginocchiatoi, chiudendo per tal guisa tutto attorno quello spazio e solamente concedendo il passaggio al clero nelle grandi sollennità religiose. Conviene altresì di provvedere all'opera di manutenzione dei mosaici, come è uso a praticarsi per mezzo di persona esperta.

L'Ingegnere del Genio Civile nel fare il pavimento alla veneziana fece la forma dei riquadri in modo che invece di fermarsi ai gradini degli altari dovessero quei riquadri arrivare fino alle pareti quando gli altari fossero tolti. Ma dopo le opposizioni fatte il lavoro fu sospeso ed ora converrà riprenderlo.

Rimessi gli altari, oltre che la chiesa acquisterà d'assai, si avrà anche l'altro vantaggio d'ottenere uno spazio maggiore, spazio necessario per le grandi solennità. Occorre eziandio di rimuovere la barocca balaustrata di marmo che fu posta a capo della navata a sinistra, ove trovasi la cappella detta del Sacramento per collocarla più addentro verso l'altare. Finalmente nella relazione si propone, che quel pezzo di mosaico ricordato a principio come quello che presenta i caratteri originali, quantunque molto logoro, il quale trovasi di fianco all'altare maggiore, ove si fanno le funzioni religiose, venga salvato da certa rovina a cui è già avviato. A questo fine si dovrebbe circondare quel mosaico di una cornice o cinta di ferro assicurato alla base dei gradini dell'altare e mettervi sopra un coperchio di legno da potersi aprire e chiudere per mezzo di mastietti e di una serratura a chiave, avvertendo che quel coperchio non tocchi il mosaico e possa reggere chi vi salisse sopra. La chiave della quale serratura si dovrebnbe custodire dal sacrestano, a cui si rivolgerebbero i visitatori che bramassero di vederlo. E questa operazione dovrebbe farsi, dappoichè il mosaicista avesse ripulito semplicemente ed assicurato quel pezzo di mosaico, rispettando religiosamente l'antico. Il che non pregiudicherebbe punto all'insieme dell'opera, perchè quel pezzo di mosaico è affatto staccato, essendo tutto intorno mutilato il rimanente mosaico che gli faceva seguito.

Queste sono le conclusioni e le principali osservazioni del mosaicista per la parte tecnica e dell'Ispettore Cav. Cavalcaselle per la parte artistica, che prego l'E.V. a voler accogliere e far eseguire, dichiarando fin da ora questo Ministero che la spesa per coprire il pezzo di mosaico originale sarà sostenuta da lui.

Roma 9 dicembre 1876."

A titolo di curiosità ricordiamo che il *mosaicista restauratore*, il Maselli, ripropose il disegno del pavimento di Otranto in quello della cinquecentesca parrocchiale di Corigliano nel 1877, subito dopo la conclusione della contestata impresa idruntina.

218. Disegno di un particolare del mosaico distrutto durante i restauri ottocenteschi.

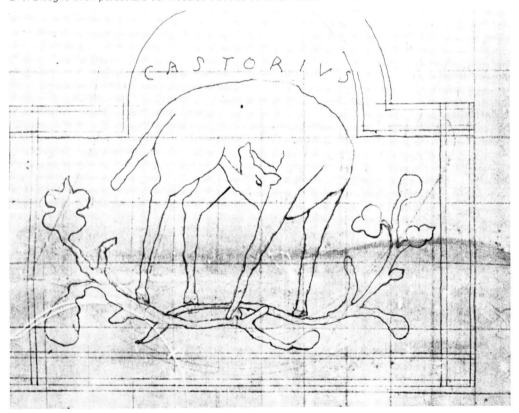

Appendice III

I cavalieri gerosolimitani del S.M.O.M. in Otranto
(di Antonio Edoardo Foscarini)

La Commenda di Maruggio, il più importante e ricco possedimento dei Gerosolimitani in Terra d'Otranto, agli inizi fu solo un dominio utile della Commenda Magistrale di Brindisi sino alla fine del sec. XV o inizi del XVI quando fu elevato al rango di Commenda mentre Brindisi si riduceva ad una semplice "Grancia" da essa dipendente.

Molte terre e case ebbe questa Commenda non solo nel territorio di Maruggio ma in tutta Terra d'Otranto e principalmente nelle Grancie di Brindisi, Sava, Francavilla, Ceglie Messapica, Massafra, Nardò ed infine Otranto.

In Otranto già nel XVII secolo ben poco rimaneva della proprietà dei Cavalieri di Malta tanto che essi soppressero la Grancia nel 1678 sia per la poca importanza che per la lontananza dalla Sede Commendatizia.

Le pochissime notizie le abbiamo rinvenute nel *Cabreo della Commenda di Maruggio* del 1709-1710, una copia del quale è conservata nella Biblioteca Provinciale "N. Bernardini" di Lecce, terminata il "13 maggio della III Indizione del 1710 nel Casale di Sava, per notaio Simone De Simone.

Da questa trascriviamo integralmente la parte riguardante Otranto: "*Il Membro, e Grancia della Città d'Otranto* (carte 164v. e 165r).

L'Andare nella Città di Otranto per causa di detta Grancia ci è parso inutile, e vano, per esser la medesima infruttuosa, approvando l'evidente ragione dell'ascendenti Cabrei, uno in anno 1653 in 1654 e l'altro in anno 1678 in 1679; essersi persa, asserendosi così nel Cabreo fatto in anno 1628 in 1629 stante la rendita era di docati quattro in tanti censi minuti, dé quali mai se ne potè avere notizia alcuna, nonostante scomunica fulminata in detta città in quel tempo, à causa che il precedente Cabreo del 1628 in 1629 fù fatto nell'anno 1560; e l'esigenza predetta fu lasciata da predecessori Commendatori; si per essere minima, come anche per la lontananza del luogo, si spendeva più di quello s'esigeva, anzi delli detti docati quattro se ne pagavano carlini nove, e grana tre al Convento di S. Gio.: Battista dé Minoriti Osservanti di detta Città, come il tutto più diffusamente si legge da detti antecedenti Cabrei ut supra citati. Onde per non far pregiudicio alla Giurisditione si descrive, e si nota nel presente Cabreo il detto Contenuto senza andarci, ma solamente se ne fa la presente mentione:
– Una Chiesa nominata S. Gio.: Battista fuori di detta Città d'Otranto verso Ponente circa duecento passi officiata da Frati Minori Osservanti. Confina da due vie pubbliche da Levante; e scirocco, con una altra via publica da ponente, et un montetto col mare da tramontana."

Oltre a queste pochissime notizie inedite si è trovato notizia di due nobili cittadini di Otranto ascritti all'Ordine: Donato Antonio De Marco nel sec. XVI e Domenico Salzedo nel sec. XVIII.

[da: Antonio Edoardo Foscarini: *Commende, Grancie e Cavalieri del Sovrano Militare Ordine di Malta in Terra d'Otranto* di prossima pubblicazione.]

DOVE SI MANGIA E DOVE SI DORME

Agriresidence La Torre	v. Orte	0836 / 801233
Alberghi Hotel Valle Dell'Idro	v. G. Grasso	" 801224
Albergo Ristorante Albania	v. S. Francesco di Paola	" 801183
Albergo Ristorante Daniela	Conca specchiulla	" 85321
Albergo Ester	v. Giovanni XXIII	" 801206
Albergo Bellavista	v. V. Emanuele	" 801435
Albergo Degli Haethey	v. Francesco Sforza, 33	" 801548
Albergo Rosa Antico	SS. 16	" 801563
Albergo Solara	v. Conca Specchiulla	" 801568
Albergo Miramare	lungomare Terra d'Otranto, 39	" 801023
Albergo Previteno	v. Pioppi, 17	" 801008
Albergo Ristorante La Plancia	v. Porto Craulo, 1-5	" 801217
Albergo Ristorante Il Gabbiano	v. Porto Craulo, 5	" 801251
Self Service Boomerang	v. V. Emanuele	" 86225
Chef	v. Punta	" 801004
Intur	p. della Scala Alimini	" 85072
Nike Club Vacanze	riv. degli Haethey	" 801196
Pizzeria Narada	v. S. Giovanni	" 801280
Ristorante Acmet Pascià	Lungomare Eroi	" 801282
Ristorante Bosco Antico	Conca Specchiulla	" 85321
Ristorante Da Romeo	v. Laghi Alimini	" 802123
Ristorante Da Sergio	corso Garibaldi	" 801408
Ristorante Due Laghi	Laghi Alimini	" 802687
Ristorante Fontanelle	v. Alimini	" 802548
Ristorante Gigi	v. del Porto	" 801544
Ristorante Duca D'Aragona	v. Scupoli	" 801322
Ristorante Il Gabbiano	Lg. degli Eroi	" 801251
Ristorante Il Gambero	Lg. degli Eroi	" 801107
Ristorante Il Veliero	Porto Badisco	" 87939
Ristorante La Triglia	Porto Badisco	" 954024
Trattoria Luna D'Oriente	Lungomare degli Eroi	" 802035
Ristorante Lido Pini	Alimini	" 802536
Ristorante Solara	Villaggio Specchiulla	" 85161
Ristorante Pizzeria Ai Bastioni	v. Porto	" 801557
Ristorante Profumodimare	Lg. Terra d'Otranto	" 801697
Ristorante Universo	Alimini	" 802689
Ristorante Vecchia Otranto	corso Garibaldi, 96	" 801575
Trattoria il Galletto	v. De Donno	" 801483
Covo dei Mori	v. Leondari, 19	" 802033
"Dal Baffo", trattoria tipica	Lg. Terra d'Otranto	" 801636

Residence Altair-Serra Alimini 3	v. Litoranea	0836 / 85038
Residence Serra Alimini 2	Alimini	" 85083
Club Mediterranee	Lit. Lecce-Otranto	" 802053
Campeggio Frassanito	SS. 611	" 85005
Camping Idrusa	zona porto	" 801255
Villaggio Conca Specchiulla	Lit. Otranto-S. Cataldo	" 85128

INDICE

COLLANA "LE GUIDE VERDI"

diretta da MARIO CAZZATO e ANTONIO COSTANTINI

1. M. CAZZATO-A. COSTANTINI, *Guida alla Grecìa Salentina*.
2. M. CAZZATO-A. COSTANTINI, *Guida di Acaya. Città Campagna Cesine*.
3. M. D'ANDREA-P. MEDAGLI-S. PANZERA, *Guida alla Riserva Naturale. Le Cesine*, a cura di M. Cazzato e A. Costantini.
4. M. CAZZATO-M.R. MURATORE-R. BARLETTA, *Guida del Salento 1. Dolmen menhir specchie siti messapici e romani cripte. I centri del barocco piazze musei artigianato feste*, a cura di M.R. Muratore.
5. A. COSTANTINI-M. CAZZATO-V. PELUSO-M.R. MURATORE-S. GAROFANO, *Guida del Salento 2. Castelli masserie fortificate torri costiere torri colombaie gastronomia vino ed olio*, a cura di M.R. Muratore.
6. F. CONGEDO, *Guida di Lecce*.
7. A. COSTANTINI-M. PAONE, *Guida di Gallipoli. La città, il territorio, l'ambiente*.
8. L. MANNI, *Guida di Soleto. Cultura della pietra, Grecìa Salentina*, a cura di M. Cazzato.
9. M. CAZZATO-A. COSTANTINI-V. DE VITIS-L. MANNI, *Guida di Otranto. La città, il territorio, la costa*.
10. *Guida alla Cartapesta leccese. La storia, i protagonisti, la tecnica e il restauro* (imminente).

SEZIONE IMMAGINI

1. D. CAPONE-S. MARTANO-P. PASCALI, *Architetture e paesaggi del Salento leccese*.

Finito di stampare per conto di CONGEDO EDITORE – GALATINA (Le)
nel 1998 da ARTI GRAFICHE PUGLIESI – MARTINA FRANCA (Ta)